/ 幼儿园园长专业能力提升丛书 /

润物细无声

——园长园所文化建设能力的提升

苏 婧　丛书主编

王 岚　范建华　编著
茅晓燕　王冬梅

北京师范大学出版集团
BEIJING NORMAL UNIVERSITY PUBLISHING GROUP
北京师范大学出版社

图书在版编目(CIP)数据

润物细无声：园长园所文化建设能力的提升/王岚等编著. —北京：北京师范大学出版社，2017.4(2024.7 重印)
（幼儿园园长专业能力提升丛书/苏婧主编）
ISBN 978-7-303-22273-5

Ⅰ. ①润… Ⅱ. ①王… Ⅲ. ①幼儿园－校园文化－建设 Ⅳ. ①G617

中国版本图书馆 CIP 数据核字(2017)第 068191 号

图书意见反馈　gaozhifk@bnupg.com　010-58805079
营销中心电话　010-58802181　58805532

出版发行：北京师范大学出版社　www.bnupg.com
　　　　　北京市西城区新街口外大街 12-3 号
　　　　　邮政编码：100088
印　　刷：天津旭非印刷有限公司
经　　销：全国新华书店
开　　本：787 mm×1092 mm　1/16
印　　张：10.5
字　　数：185 千字
版　　次：2017 年 4 月第 1 版
印　　次：2024 年 7 月第 8 次印刷
定　　价：29.00 元

策划编辑：罗佩珍　　　　　责任编辑：齐　琳　梁宏宇
美术编辑：焦　丽　　　　　装帧设计：锋尚设计
责任校对：陈　民　　　　　责任印制：陈　涛　赵　龙
封面插图：李若煊　孙雪一（北京市西城区三教寺幼儿园，6 岁）
指导教师：韩　鸫

版权所有　　侵权必究
反盗版、侵权举报电话：010-58800697
北京读者服务部电话：010-58808104
外埠邮购电话：010-58808083
本书如有印装质量问题，请与印制管理部联系调换。
印制管理部电话：010-58800608

丛书编委会

主　编: 苏　婧

副主编: 吕国瑶　张伟利　田彭彭

编　委: (按姓氏拼音排序)

曹慧弟　陈　立　成　勇　范建华

李　奕　刘峰峰　刘淑新　刘晓颖

柳　茹　申桂红　王　岚　王艳云

杨　颖　于渊莘　张爱军　朱继文

朱小娟　邹　平

这几年在和园长交流和接触的过程中，他们经常谈到的一个话题就是，现在当一个园长太不容易了，甚至怀疑自己是不是能力不行，胜任不了园长这个岗位。当然，这并不代表现在我们园长的能力下降了，有这种感觉恰恰说明他们已经在思考：新的社会和时代背景下，怎样才能当好一个园长？随着国家教育改革的不断深化，学前教育也越来越受到重视，迎来越来越多的发展良机，当然也面临着越来越多的挑战。一方面，在市场经济条件下，如何使自己的幼儿园办出特色、树立品牌，从而能够在竞争激烈、百花争放的大环境中站稳脚跟，长远发展，是所有园长必须考虑的现实课题；另一方面，在校长专业化的大背景下，园长专业化的呼声已初见端倪，公众对幼儿园园长的要求越来越高，怎样通过提升自身素养，进而提升幼儿园管理品质，推动幼儿园质量的全面提升，并最终促进幼儿的全面和谐发展，也是园长们不可回避的现实问题。所以，作为幼儿园的管理者、第一责任人，园长在幼儿园的改革和发展中，发挥着举足轻重的作用，不能觉得自己"业务"强就可以应对幼儿园发展过程中的所有问题，新的形势要求园长必须全面提升综合素养。

北京作为经济、文化、科技创新迅速发展的现代化都市，其幼教事业也发生着日新月异的变化。作为首都幼教改革的"火车头"，幼儿园园长们的专业水平决定着这列火车跑得有多快、跑的方向对不对。能不能在新的发展机遇中准确把握国家政策文件精神，做好幼儿园的整体规划？能不能在更为重视公共关系的社会背景下，协调各种关系，服务于幼儿园的对外宣传和品牌建设工作？能不能在家长整体素质提升、需求多样化的要求下，探索新的家长工作思路和方法？能不能结合幼儿园实际工作中遇到的困境，拓展资源渠道，运用科学思维研究出带有规律性的成果，提升幼儿园的整体科研水平？能不能在新教师成为保教工作主力的现实中寻求突破口，探索教师队伍建设的新模式，确保幼儿园保教质量的稳步甚至快速提升？能不能在国家日益重视幼儿身心健康发展的整体趋势下，切实做好幼儿卫生保健和安全管理工作……新的问题不断涌现，我们必须认真想一想：这些我们曾经思考过也取得了大量成果的工作，是否真正摸索到了规律？可以从中借鉴什么？如何在《幼儿园园长专业标准》的要求下真正发挥引领作用？这都是我们要继续深入研究的。

在这个机遇与挑战并存的时代，作为主管全园工作的领导者，园长肩负的责任、使命可谓任重道远。一个人成长为园长是不容易的，从初任园长到一名优秀园长短则需要三五年时间，长则需要六七年甚至更长时间。传统的师傅带徒弟式的传帮带方法仍不失为一种不错的方法，但在今天这样一个讲求成本和效率的时代，我们完全可以通过更加科学有效的方法，更快更好地促进园长的专业化成长，提升其领导力。因此，对幼儿园园长的领导行为、专业素养、专业能力进行研究，既是一个在幼教改革中必须面对的现实课题，具有重要的现实指导意义，也是一个事关幼教可持续发展的长远问题，具有深远的历史意义。

现代社会具有复杂性、多变性、随机性和竞争性，发展节奏快，新知识、新科学、新技术不断涌现。幼儿园并不与世隔绝，同样处于多变的社会之中，幼儿园的发展也要适应全面改革和社会发展的需要。所以，现代的幼儿园园长除了要拥有热爱幼教事业的情怀外，还需要有终身学习的意识，要在实际工作中通过不断学习、思考、再学习、再思考，掌握解决、处理各项园所事务的能力。

北京教育科学研究院早期教育研究所苏婧所长和她所带领的北京市学前教育兼职教研员队伍"园长管理组"成员，从2013年起致力于幼儿园园长专业素养、专业能力的研究。团队成员都是来自北京市各区县的教研员和名园长，在园长管理工作模式和专业发展等方面都很有心得，具有丰富的实践经验。这个团队在深入研究的基础上奉献给大家的这套《幼儿园园长专业能力提升丛书》，以扎实的理论知识结构为基础，以多年认真积累的实践研究为依据，总结提炼出12项园长胜任本职工作应具备的专业能力。书中对每一项专业能力的概念、基本原则、方法和途径等都进行了详细的论述，同时又通过大量的图示和鲜活的实例，让所述的内容变得生动活泼，便于理解和操作。对于幼儿园管理者来说，这12项专业能力既是要求，也是目标。他山之石，可以攻玉。虽然别人的经验并不能完全解决我们现实中遇到的问题，但是，借鉴别的园所好的经验，一定会有助于我们幼儿园园长的成长，帮助我们明确一个合格园长需要具备的基本能力和素质要求。同时，也会对我们科学系统地规划自己的园长职业生涯提供必要的指导，帮助我们成为全面而又专业的幼儿园管理者。此外，这套丛书也有助于我们澄清工作中一些认识不清的问题，提升我们的专业理论水平。

这套丛书是幼教工作者在幼儿园园长专业发展方面持续探索过程中的阶段性成果，它不仅给我们提供了借鉴，也为我们指引了方向。我相信，今后一定会有大量关于幼儿园园长专业发展的研究成果出现，这将对我们首都学前教育，甚至全国学前教育的发展产生积极的影响和促进作用。

北京市教育委员会学前教育处处长　张小红

2017 年 2 月

园长专业素养的研究框架、实施途径和策略

学前教育是终身教育的开端，是基础教育的基础，是国民教育体系的重要组成部分。办好学前教育，关系到亿万儿童的健康成长和千家万户的切身利益，关系到国家和民族的未来。

教育部颁发的第二个学前教育三年行动计划提出的重点任务是扩大总量、调整结构、健全机制、提升质量，而"提高幼儿园教职工的专业素质和实践能力，进一步规范办园行为，深入贯彻落实《3－6岁儿童学习与发展指南》，促进幼儿身心健康和谐成长"是其中的重要内容。"提升学前教育质量，是当前和今后学前教育必须努力的方向，对质量的追求是学前教育工作者必须不断付出努力的工作。"幼儿园园长作为幼儿园的第一责任人，其素质直接关系到幼儿园的发展及幼儿教育的质量。学前教育的内涵发展急需具有专业水准的园长队伍的支撑和保障。但是，由于历史原因，我们的园长职业资格准入要求不高，多由一线幼儿教师升任或由上级行政部门直接派遣，加之近几年扩大办园规模涌现了不少新任园长，缺乏全面、系统的专业培训，致使很多园长的实际能力和素质与园长管理工作的要求还存在一定差距，这在一定程度上限制了园长的专业发展，也影响到了幼儿园的科学、优质发展。

专业能力是园长专业化发展在教育实践中的集中体现，是保障其完成职业要求和工作职责的必要条件。园长的专业能力不同于中小学校长，因为中小学是以学科教学为核心的能力结构，而幼儿园必须凸显幼儿园保教结合、以游戏为基本活动的特点，以及环境、生活对幼儿发展的重要价值和独特作用。因此，幼儿园园长的专业能力结构是全方位的、多方面的，具有综合性特点。从新颁布的《幼儿园园长专业标准》看，幼儿园园长被定义为履行幼儿园领导和管理工作的"专业"人员。园长的专业发展水平直接影响到幼儿园的发展方向，直接影响到幼儿园教师的专业发展，直接影响到一个幼儿园的教育教学质量，并最终影响到幼儿的发展。

基于园长职业的特殊性和重要性，我们将研究的视角聚焦于此，拟基于幼儿

园管理实践现场，梳理幼儿园园长的专业素养结构和能力要求，提供有针对性的培养策略与支持途径，从而助力于高质量、专业化和可持续发展的学前教育实践管理者队伍的建设。在分析国内外文献的基础上，我们参考教育部颁布的《义务教育学校校长专业标准》《幼儿园教师专业标准(试行)》和《幼儿园园长专业标准》，从横向和纵向两个角度来构建幼儿园园长专业素养结构(见表1)。从横向来看，我们认为幼儿园园长专业素养结构包括四个方面，分别为研究维度、研究领域、每个领域所包含的支撑要素以及针对支撑要素所细化出的基本指标。从纵向来看，我们认为园长的专业发展是一个动态的过程，不同的园长有着不同的专业发展历程，这是一个不断变化着的、开放的系统，受到多种因素综合作用的影响和制约。园长专业素养是指园长为实现其园所管理目标、承担其园长角色时，在专业精神、专业知识和专业能力三个维度所需具备的素质及要求。其中，专业精神和专业知识都是相对固定的，是经过系统的培训和学习就能够基本具备的，是一种偏静态的素养构成。而专业能力则是灵活和可变的，而且具有鲜明的个性特色，是专业精神、知识以及指导下的行为三者的结合，是真正决定园长素养高低的关键要素。因此，我们将研究重点定位在园长的"专业能力"上，并将其分为"本体性能力"和"延展性能力"两方面。其中，"本体性能力"是指园长在胜任其岗位职责时所应具备的基本能力，而"延展性能力"则是对园长在专业发展的道路上提出的目标和努力方向。我们梳理出园长的专业精神、专业知识以及各项专业能力所涉及的"领域""要素""基本指标"，并进一步针对"本体性能力"整理归纳出更为清晰的、操作性强的培养策略与途径。这样，不仅能将动态和静态两方面因素有机结合起来，而且也能更加深入地把握园长专业素养的本质。

表1　幼儿园园长专业素养结构

维度	领域	要素	基本指标
专业精神	专业理念	儿童观	对儿童发展整体性的理解与认识
			对儿童发展阶段性的理解与认识
			对儿童发展差异性的理解与认识
		教育观	对于教育本质的理解与认识
			对于教育目的的理解与认识
			对于教育方式、方法的把握
		职业观	对幼儿教育工作的态度与看法
			对于园长角色、职责的理解与认识
			对园长职业的规划

续表1

维度	领域	要素	基本指标
专业精神	专业品质	个性品质	具有主动、积极的品质
			具有诚信、公平、敢于担当的品质
			具有终身学习的意识
		职业道德	奉献精神
			爱岗敬业
			服务意识
专业知识	通识性知识	哲学基本知识	运用辩证唯物主义的观点看待问题
			系统性思维
		管理学基本知识	科学管理理论
			过程管理理论
			系统管理理论
			决策管理理论
		社会学基本知识	组织文化理论
			组织行为学理论
		法律法规基本知识	宪法相关知识
			民法相关知识
			经济法相关知识
			教育法相关知识
		财务基本知识	经费预算知识
			经费管理知识
		信息技术基础知识	有关教育技术发展趋势的知识
			教育技术的基本概念、基本理论知识
			教育技术与课程、教学开发相结合的知识

续表 2

维度	领域	要素	基本指标
专业知识	专业性知识	教育学基本知识	课程、教学知识
			教育科研方法知识
		心理学基本知识	普通心理学知识
			发展心理学知识
		学前教育基本知识	学前儿童心理学知识
			学前教育学知识
			学前儿童卫生保健知识
			幼儿园课程知识
			幼儿教育科研方法知识
		幼儿园管理基本知识	幼儿园行政管理知识
			幼儿园保教管理知识
			幼儿园科研管理知识
			幼儿园总务管理知识
			家长工作知识
			教职工队伍建设知识
			文化建设知识
	实践性知识	园所文化建设知识	幼儿园文化特征的知识
			幼儿园文化创建的知识
		教育教学指导与评价相关知识	促进幼儿发展的知识
			促进教师专业发展的知识
		应激性知识	处理突发事件的知识
			危机管理知识
专业能力	本体性能力	政策把握与执行能力	掌握学前教育相关政策、法律法规
			了解学前教育发展趋势与改革动态
		园所规划、计划能力	了解、诊断幼儿园发展现状
			明确发展愿景、目标
			突出发展规划、计划重点
			保障发展规划实施

续表 3

维度	领域	要素	基本指标
专业能力	本体性能力	园所文化建设能力	建设园所精神文化
			建设园所物质文化
			建设园所制度文化
			建设园所行为文化
		保教工作指导能力	指导保教工作计划的制订
			指导保教工作的组织与实施
			对保教工作进行评价与反馈
		卫生保健工作指导能力	指导卫生保健工作计划的制订
			指导卫生保健工作的组织与实施
			对卫生保健工作进行评价与反馈
		课程领导能力	具有关于幼儿园课程及课程领导力的知识
			具有课程改革与实践的专业精神
			选择与规划幼儿园课程
			开发与建设幼儿园课程
			推动幼儿园课程实施
			组织和开展幼儿园课程评价
		教科研管理能力	发现、筛选研究问题，把握研究方向
			做好课题研究的过程管理
			总结、固化、推广教科研成果
		队伍建设能力	选拔、聘用教职工
			规划教职工队伍建设
			提升教职工队伍素质
			稳定教职工队伍
		指导家长工作能力	指导教师树立正确的家长工作观念，学习家长工作的基本方法
			关注教师与家长沟通能力的提升
			指导教师整合家长资源
		公共关系协调能力	与相关部门沟通、协调
			整合、利用资源
		安全管理能力	组织安全工作
			预见安全隐患并提前预防
			应对和妥善处理幼儿园突发事件
			指导开展幼儿园安全教育
			管理幼儿园信息安全

续表4

维度	领域	要素	基本指标
专业能力	本体性能力	后勤管理能力	指导后勤工作计划的制订
			指导后勤工作的组织与实施
			对后勤工作进行评价与反馈
	延展性能力	学习能力	信息的捕捉能力
			信息的筛选能力
			信息的加工、利用能力
		反思能力	自我监控能力
			自我评价能力
			自我调控能力
		创新能力	把握前沿能力
			批判思考能力

　　相对应提炼出的 12 项幼儿园园长应具备的本体性能力，我们又逐一细化出"基本指标"及"培养策略与途径"（见表 2），在明确园长专业角色的基础上，进一步对园长的工作内容进行分析，同时为园长专业能力的自我提升提供抓手。

表 2　幼儿园园长专业能力（本体性能力）的培养策略与途径

专业能力（本体性能力）	基本指标	培养策略与途径
一、政策把握与执行能力	1. 掌握学前教育相关政策、法律法规	（1）熟悉幼儿园政策、法律法规的基本体系，包括： · 国家层面的法律法规； · 国家部委颁布的条例、法规； · 地方政府、教育行政部门颁布的地方性幼儿教育法规。 （2）依法治园，包括： · 开展幼儿园相关政策、法律法规的宣传教育； · 营造依法治园的环境； · 加强制度建设，对幼儿园依法管理。 （3）维护幼儿园的合法权益，承担法律责任。
	2. 了解学前教育发展趋势与改革动态	（1）成为办园思想的领导者。 · 躬身实践，学会在实践中深入思考教育问题，让管理生"根"； · 不断学习，善于与自己、同伴对话。 （2）具有敏锐的教育洞察力。 · 广泛涉猎，扩宽自身的教育视野； · 善于发现问题，积极开展行动研究。

续表1

专业能力 （本体性能力）	基本指标	培养策略与途径
二、园所规划 与计划能力	1. 了解、诊断幼儿园发展现状	把握幼儿园发展现状，分析幼儿园发展面临的问题和挑战，形成幼儿园发展思路。
	2. 明确发展愿景、目标	树立正确的办园思想，把握办园方向。 ·坚持贯彻落实党和国家的教育方针，有正确的办园指导思想，能够带领教职工认真学习有关幼教工作的行政法规和规章，并努力付诸实施； ·及时纠正重教轻保、重智轻德、保教分离等违背教育规律、偏离教育目标的倾向，牢牢把握正确的办园方向。
	3. 突出发展规划、计划重点	充分听取园务会议和教职工的意见，组织专家、家长、社区人士等多方力量参与制订幼儿园发展规划，正确决策，科学制订本园工作计划。
	4. 保障发展规划实施	(1)依据发展规划指导教职工制订并落实学年、学期工作计划，提供人、财、物等条件支持。 (2)对计划的实施过程加强检查督促，及时发现和处理问题。 (3)善于总结经验教训，将有成效的措施与做法逐步标准化、规范化，充分发挥集体的智慧和力量，完成工作计划，实现教育目标，提高管理水平。
三、园所文化建设能力	1. 建设园所精神文化	(1)重视幼儿园精神文化建设，关注精神文化潜移默化的教育功能，提升对幼儿园的专业理解与认知。 (2)宣传幼儿园文化建设的基本理论，利用多种渠道，开展丰富多彩的活动，营造专业、科学、和谐的氛围。 (3)加强教师专业知识与方法的学习，引导教师丰富人文、自然知识，提升个人综合素养。
	2. 建设园所物质文化	(1)将安全放在首位，确保场地、玩教具等的安全，积极排查和消除环境中可能存在的不安全因素。 (2)整体设计，合理规划，满足幼儿、教职工的不同需求，营造和谐、统一的环境。 (3)因地制宜，从园所实际出发，整合家长、社区等多方资源。 (4)注重发挥环境的育人功能，重视物质环境创设中幼儿的参与及环境与幼儿的互动。

续表 2

专业能力 （本体性能力）	基本指标	培养策略与途径
三、园所文化建设能力	3. 建设园所制度文化	(1) 召开党支部会、园务会、全体教职工大会等，帮助教职工明确制度建设的重要意义。 (2) 发动全体教职工参与讨论，在统一认识的基础上制订合适的制度。 (3) 建立健全各项规章制度。 (4) 强化日常的过程考核，将考核结果与年终考核、调资、职评等挂钩。
	4. 建设园所行为文化	**幼儿园交往行动文化之——教师间交往** (1) 和谐相处原则。要做到鼓励教师之间欣赏优点，包容缺点；真诚交流，建立信任关系。 (2) 合作分享原则。要做到增加教师交流机会；慎用评比，不用一把尺子衡量。 **幼儿园交往行动文化之——师幼交往** (1) 尊重幼儿原则。要做到接纳幼儿的年龄特点；鼓励幼儿大胆尝试；重视幼儿教师的情绪管理。 (2) 关注幼儿个体差异原则。要做到接纳幼儿的不同个性特征；鼓励幼儿表达不同观点；敏锐发现幼儿的不同需求与变化。 **幼儿园交往行动文化之——家园交往** (1) 平等相处原则。要做到鼓励换位思考，互相理解；满足不同家长的需求；谨慎谈论幼儿的不足。 (2) 互动合作原则。要做到培养教师的积极态度；目标一致，合力合作；加强教师的沟通技能。 (3) 深入交往原则。要做到增加交往的频率；丰富交往的形式。 **幼儿教师学习行为文化** (1) 关注教师学习整体性原则。要做到提供充足有用的学习资源；园长与教师有效沟通，做到期待与理解一致；以多元化路径激发教师主动发展。 (2) 尊重教师学习个体差异性原则。要做到倾听并了解教师的学习需要；提供差异化学习培训。 (3) 重视教师反思能力原则。要做到鼓励参与式学习、探究式学习和反思训练；给予教师反思的时间。 (4) 重视团队合作原则。要做到营造宽松的团队学习氛围；组织多元化的团体学习。 (5) 支持教师自主学习原则。要做到给予教师可自由支配的时间；以教师为主导，改变单向的学习模式。

续表 3

专业能力 （本体性能力）	基本指标	培养策略与途径
四、保教工作指导能力	1. 指导保教工作计划的制订	（1）看计划，想实践。结合园长进班看实践获得的第一手材料、信息，审视保教计划的适宜性和可行性。 （2）听思路，细沟通。倾听业务管理者的想法和思路，通过研讨的方式共同制订工作计划。
	2. 指导保教工作的组织与实施	（1）随机和定时进班相结合。 （2）共同经历实践，研讨分析问题，寻找解决办法。 （3）注重个别沟通技巧，树立园长威信。
	3. 对保教工作进行评价与反馈	（1）通过自下而上和自上而下双向结合的方式研究、制定评价标准，开展教育教学工作评价、幼儿发展水平评价。 （2）确保评价过程的公开公正。 （3）对评价结果进行反思与反馈。 •了解、分析和反思评价结果，予以奖励或查找问题原因，并改进、完善工作计划； •针对问题与教师或班级进行个别反馈沟通,引导教师调整改进。
五、卫生保健工作管理能力	1. 指导卫生保健工作计划的制订	（1）加强领导，有序安排。 •成立幼儿园卫生保健工作领导小组； •制定园所卫生保健检查标准； •依据标准定期对卫生保健工作进行检查； •了解当前卫生保健情况，依据所发现的问题制订相应计划并有针对性地予以指导。 （2）明确任务，制订目标。 •加强卫生保健人员的思想意识和学习，定期组织培训； •针对上学期出现的问题以及可预知的问题，明确本学期的工作任务，根据任务制定本学期要完成的目标。 （3）突出重点，要求明确。 •制订具体可行的措施，明确规定各项工作的内容及质量要求。
	2. 指导卫生保健工作的组织与实施	（1）明确卫生保健工作的任务与内容。 （2）加强卫生保健机构和设施建设。 •配备专职保健人员，设保健室； •重视卫生保健设施的配制，从行政上和经济上给予保障。 （3）完善卫生保健工作制度建设。 （4）加强卫生保健队伍业务能力建设。 （5）形成卫生保健工作程序。 （6）加强部门沟通与协作。 •成立相应的协作组织(如膳食管理委员会、卫生检查小组、安全保卫小组等)，来完成各项卫生保健工作。 （7）建立家园联系，共促幼儿健康成长。

专业能力 （本体性能力）	基本指标	培养策略与途径
五、卫生保健工作管理能力	3. 对卫生保健工作进行评价与反馈	（1）完善检查与评价标准。 （2）多种评价方式相结合。 ·定期评价与不定期评价相结合； ·单项评价与综合评价相结合； ·阶段性评价与结果性评价相结合。 （3）建立科学的评价机制。 ·建立专门的考评小组； ·加强日常考评； ·完善考评程序。 （4）建立有效的反馈机制，及时反馈。 ·考核评价结果要及时公示； ·考核评价结果要正确反馈； ·考核评价结果要充分利用。
六、课程领导能力	1. 具备关于幼儿园课程及课程领导力的知识	（1）了解和反思课程领导和园长课程领导的概念、特征、构成要素、现实迫切性等。 （2）了解和反思幼儿园课程的概念、构成要素和我国幼儿园课程的历史发展等。 （3）结合实践进行反思和总结。
	2. 具备课程改革与实践的专业精神	（1）提升勇于课程改革和实践的自觉意识（专业自信、专业坚守、专业追求）。 （2）提升领导课程改革和实践的自主实践能力（研究幼儿、研究幼儿园课程、研究幼儿园文化）。 （3）促进自身在引领课程改革和实践的过程中不断自我超越（自我培训、专题培训）。 （4）不断反思，明晰课程的价值取向（把握关键要素，掌握方法策略）。
	3. 选择与规划幼儿园课程	（1）掌握课程选择与规划的原则，基于本园特点选择与规划课程。 （2）"博览"多家课程、多种课程表现形式。 （3）对比分析和深入分析，准确判断本园课程的现状和发展目标。 （4）在讨论和实践的过程中摸索、制订幼儿园课程规划，并着力实施规划。

专业能力 （本体性能力）	基本指标	培养策略与途径
六、课程领导能力	4. 开发与建设幼儿园课程	(1)深入认识和理解课程开发与建设的含义，尤其是理解园本课程的含义。 (2)认识和了解园本课程开发与建设的背景和条件。 (3)掌握园本课程开发与建设的原则、方法与策略。
	5. 推动幼儿园课程实施	(1)构建推动课程实施的领导体系。 (2)推动和保障课程实施的管理制度建设。 (3)遵循推动课程实施的原则（课程领导是核心，发挥教职工的主动性，系统推进，共同愿景）。 (4)在参与和指导课程实践中推动课程实施。
	6. 组织和开展幼儿园课程评价	(1)深刻认识幼儿园课程评价的重要意义。 (2)了解和掌握幼儿园课程评价的功能、对象与类型。 (3)遵循幼儿园课程评价的原则（功能多样性，评价主体多样性，诊断和改进性）。 (4)掌握幼儿园课程评价的组织方法与策略。
七、教科研管理能力	1. 发现、筛选研究问题，把握研究方向	(1)双向互动，聚焦关键问题。 • 园长从自身经验、入班观察记录、家长问卷、教师访谈和上级文件精神等出发，结合园所发展现状，初步确定可作为教科研专题的内容； • 教师聚焦本班幼儿发展、家长工作、教育教学、班级管理等方面存在的突出问题，通过教研组等向园长反映。 (2)借助外力，为我所用。 • 积极与园外科研机构、高校、研修部门及各级主管部门沟通，共同分析并明确幼儿园的教科研思路和基本方向，保证教科研思路的科学性和研究的可行性，提升教科研方向的引领性。 (3)客观分析，准确定位教科研方向。
	2. 做好课题研究的过程管理	(1)园长亲自参与研究，把握教科研过程。 (2)定期了解、检查各项教科研工作的开展情况，做好阶段总结。 (3)合理配置资源，人尽其才，物尽其用。
	3. 总结、固化、推广教科研成果	(1)定期对教科研成果进行总结和梳理，进行阶段性总结。 (2)通过专业期刊发表教科研成果，扩大影响效果和范围。 (3)通过观摩展示的方式，分享和交流经验，进而提高教师的教科研能力。

专业能力 （本体性能力）	基本指标	培养策略与途径
八、队伍建设能力	1. 选拔、聘用教职工	(1)明确实施原则： ·理念层面：以德为先； ·专业层面：结构合理； ·方法层面：秉持原则； ·全局层面：可持续发展。 (2)选拔与聘用教师的实施途径与方法： ·要关注教师所实习的幼儿园的评价； ·要关注教师对面试问题的回答； ·需要借助一定的工具，有针对性地了解教师； ·保持开放的心态； ·与高校合作培养、选拔； ·要关注园所的可持续发展和人的可持续发展； ·要关注教师成长的关键期； ·要关注教师队伍中的特殊群体。
	2. 规划教职工队伍建设	(1)明确实施原则：先进性、前瞻性、计划性、独特性。 (2)教师队伍规划的实施途径与方法： ·进行教师队伍现状分析； ·明确教师队伍规划的理念与目标； ·明确教师队伍规划的具体思路与措施：自上而下型；自下而上型。
	3. 提升教职工队伍素质	(1)明确实施原则：师德为先、以人为本、质量为先。 (2)提升教师队伍质量的实施途径与方法： ·重视师德建设，提高教师道德素质； ·完善培训机制，有效支持教师专业发展； ·完善教师管理机制，调动教师工作积极性； ·促进教师专业化发展，提升教师队伍质量。
	4. 稳定教职工队伍	(1)明确实施原则：自主原则、幸福原则、服务原则、发展原则。 (2)稳定教师队伍的实施途径与方法： ·环境育人，文化聚人； ·双激励，满足教师需要； ·成就自我，享受幸福； ·心有所属，体验归属感。

续表7

专业能力 （本体性能力）	基本指标	培养策略与途径
九、指导家长工作能力	1. 指导教师树立正确的家长工作观念，学习家长工作的基本方法	(1)引导教师树立家园共育的意识，明确家园合作的重要性。 (2)引导教师树立正确的家长观，明晰家长的角色定位，对不同类型家长进行分析，采取有针对性的工作方法。 (3)建立有效的家长工作制度和流程，比如，形成家园联系的"三会"模板： · 新教师家长工作的难题分享会； · 经验型教师家长工作的创意会； · 骨干教师家长工作的微课展示会。 (4)引导教师逐步掌握家园形成合力四部曲： · "拽"出来的前奏； · "顺"出来的精彩； · "引"出来的高潮； · "牵"出来的完美。 (5)指导教师学习、掌握家长工作的基本方法： · 讲课式指导和活动式指导相结合，以活动式指导为主，增强家长的主动性、参与性； · 选择家庭中教子有方的家长组成骨干队伍，促进指导活动的互补性； · 随机指导、个别指导和集体指导有机结合，提高指导活动的针对性。
	2. 关注教师与家长沟通能力的提升	(1)提升教师的沟通意识，通过案例分析、问题解答等引导其学习家园沟通的艺术，丰富其家园沟通的策略与方法。 (2)搭建现代化的家园沟通平台（如 APP、微信公众号），增强家园沟通的便捷性、实效性、情感性。 (3)开展多种形式的家园沟通： · 随机面谈，彰显师者的智慧； · 集体沟通，亮出专业的水准； · 电话沟通，提纲挈领先梳理； · 书面沟通，传递浓浓的关爱； · 网络沟通，拉近心与心的距离； · 短信沟通，换位思考的理解； · 环境沟通，潜移默化的表达； · 家访沟通，倾听家庭的故事。

续表8

专业能力 （本体性能力）	基本指标	培养策略与途径
九、指导家长工作能力	3. 指导教师整合家长资源	(1)明确利用家长资源的原则： ·机会均等原则； ·双主体原则； ·幼儿为本原则； ·家园双促进原则。 (2)发挥家长的主观能动性，以多样化的形式、灵活多变的方法引领家长参与到教育中： ·家长委员会——人尽其才，资源互补； ·家长志愿者——凝心聚力，牵手前行。
十、公共关系协调能力	1. 与相关部门沟通、协调	(1)谦虚谨慎，好学多问。 ·要不断学习，掌握较为广博的知识，吸收各方面的信息。 (2)主动应对，用足政策。 ·注重采取多种形式与公众交往，并在交往中促进了解，沟通感情，促进发展。 ·要主动、积极地宣传国家相关的法律法规和本园的办园理念、成果，争取各级领导、相关部门的重视和支持。 (3)长期规划，适度宣传。 ·建立幼儿园对外合作与交流机制，开放办园，形成幼儿园与家庭、社会（社区）及其他园所间的良性互动； ·加强幼儿园与社会（社区）的联系，利用文化、交通、消防等部门的社会教育资源，丰富幼儿园的教育活动； ·引导家长委员会及社会有关人士参与幼儿园教育、管理工作，吸纳合理建议。
	2. 整合、利用资源	(1)在观念上，树立任何资源都是可用的现代管理理念。 (2)在眼界上，要具有开阔的视野和独到的眼光。
十一、安全管理能力	1. 组织安全工作	全面了解幼儿园安全管理的基本形式和主要问题，对幼儿园安全工作的重要性有全面、深刻的认识。
	2. 预见安全隐患并提前预防	(1)建立科学、规范的安全管理体系。 (2)把安全教育融入一日生活，定期组织开展多种形式的安全教育和事故预防演练。

续表9

专业能力 （本体性能力）	基本指标	培养策略与途径
十一、安全管理能力	3. 应对和妥善处理幼儿园突发事件	制订幼儿园安全应急预案，如公共卫生事件预案、社会安全事件预案、自然灾害安全预案、应急演练预案。
	4. 指导开展幼儿园安全教育	(1)面向不同人群开展幼儿园安全教育： ·对教师的安全教育； ·对幼儿的安全教育； ·对家长的安全教育。 (2)开展多种形式的幼儿园安全教育： ·文字资料的宣传教育； ·事故案例的宣传教育； ·亲身体验的宣传教育； ·走出去培训与请进来培训结合的宣传教育； ·日常生活中的安全教育。
	5. 管理幼儿园信息安全	配备专职人员管理网络，并对本单位的网络使用情况进行监督、检查。
十二、指导后勤工作能力	1. 指导后勤工作计划的制订	基于已有成绩，预测未来发展，制订切实可行而又鼓舞人心的必达目标，做到"长计划，短安排"。 ·集思广益汇问题； ·七嘴八舌说计划； ·管中窥豹订计划； ·逐层递进做计划。
	2. 指导后勤工作的组织与实施	(1)利用心理效应，营造适度、规范的激励环境。 ·瓦拉赫效应：资源优化配置； ·共生效应：前勤后勤齐心做； ·蝴蝶效应：精益求精共努力； ·鲶鱼效应：不拘一格降人才； ·南风效应：心平气和破难题； ·扁鹊兄弟治病：未雨绸缪有规划。 (2)认识"四个理解点"，强化"创新型"人才的培养。 ·理解前瞻性的教育观点； ·理解园所文化理念； ·理解幼儿的年龄特点； ·理解教师的思维特点。

专业能力 （本体性能力）	基本指标	培养策略与途径
十二、指导后勤工作能力	3. 对后勤工作进行评价与反馈	（1）深入一线，发现问题，现场指导，及时纠错。 • 奖惩机制人性化； • 奖惩机制公开化； • 奖惩机制可操作化。 （2）开展不同类型的过程评价，如幼儿评价、教师评价、园所评价、自我评价、社会资源评价。 （3）搭建平台，进行多样化学习。

园长的专业发展，是对幼儿园园长职业的重新定位，对园长胜任岗位职责应具备的专业精神、专业知识和专业能力提出了更高的要求。通过与北京市一百多位优秀幼儿园园长的共同研究与探讨，分析影响园长专业发展的综合性因素，挖掘影响其专业发展的多种因素，探讨促进园长专业发展的策略，我们最终搭建出园长专业素养的结构框架，并在此框架的基础上编写成本套《幼儿园园长专业能力提升丛书》。丛书以领导力理论和心理学相关研究为新的理论支撑，目的是帮助广大园长从优秀园长专业发展历程中借鉴经验，明确专业发展意识，从而有目的地确定努力方向，从根本上促进园长个人专业发展，进而推进园长职业群体的专业化进程，实现园长专业化；同时为园长专业发展的研究提供事实和理论依据，也为学前教育管理研究奉献绵薄之力。

本套丛书包括 11 本分册，涵盖 12 项幼儿园园长应具备的专业能力（其中，政策把握、规划制订两项能力合为一册）。书中不仅系统梳理了每项专业能力的组成要素、培养策略与途径，而且贯穿设计了案例分析、办园经验分享、拓展阅读资料等多样化的板块，力求使这些专业能力真正做到"看得见，摸得着"，使处于不同发展阶段、不同类型幼儿园的园长更清晰地了解自己所从事岗位的专业要求、内涵以及实施路径，最终达到促进园所保教质量提高，促进幼儿全面、健康、快乐发展的目的。

参与本套丛书编写的作者都是北京市学前教育兼职教研员队伍"园长管理组"的成员。丛书是这个团队全体成员在四年的研究和探讨中，系统梳理工作经验、感悟和思考，提炼而成的有教育理念支撑、有研究过程思辨、有实践经验提升的教育成果。可以说，每一项专业能力都能体现和运用于园长与幼儿、与教师、与家长、与行政部门相处的过程中，每一本书都蕴藏着教育的智慧，都能带给人新的思考。更进一步说，本套丛书是"园长管理组"全体成员对我们所热爱的幼教事业的真诚回报。感谢参与编写的幼儿园园长、教研员以及提供案例支持的幼儿园。主编苏婧负责了整体策划及全书统稿工作。

由衷地感谢北京师范大学出版社罗佩珍编辑，在时间紧、任务重的情况下，正是由于她努力工作，认真负责，本套丛书才得以顺利问世。

期待着《幼儿园园长专业能力提升丛书》能为幼儿园管理者们提供有益的参考，也衷心希望幼教同仁提出宝贵意见。

苏婧

2017 年 2 月

幼儿园文化是从校园文化衍生而来的。校园文化指向的是高校，我国校园文化概念的提出并不像国外那么早，一直到 20 世纪 80 年代中期，国内才开始出现关于校园文化的研究。

进入 21 世纪，国内关于中小学教育阶段的学校文化研究开始掀起热潮，并取得了一定的研究成果。很多学校开始关注学校文化建设，积极开展学校文化建设的理论探讨和实践研究，为进一步开展学校文化建设提供了许多有价值的经验。这些研究成果集中研究了学校文化的含义、构成、功能、建设过程等。

近些年来，随着其价值和功能被不断地挖掘和认识，幼儿园文化才真正受到幼儿园园长、教师和相关从业者的关注，真正成为校园文化的纵向有机组成部分。事实上，在这么多年的幼儿园课程改革过程中，不少幼儿园在建设园本课程时，对办园目标、理念、园风等也进行了梳理和提升。这一过程本质上就是幼儿园文化建设的过程，只是当时尚未明确使用"文化"一词。

幼儿园文化是一种亚文化。关于文化的内涵，不同的学者有不同的定义与理解。美国人种学家兼社会学家克拉克洪通过对 100 多位权威人士的著作进行归纳分析，认为"文化"就是通过符号取得和传达的外显和内隐的行为方式，构成人类群体各不相同的成就；文化的核心是经过历史选择的传统观念，以及依附于传统观念的价值标准。文化是社会不同群体行为的产物，也是影响个人行为的因素。幼儿园文化是一所幼儿园在长期教育实践过程中形成的特有的价值观念及承载这些价值观念的活动形式和物质形态，包括幼儿园大多数成员共同遵循的目标、价值标准、基本信念和行为规范等。

幼儿园的文化如同空气一样，让人无时无处不感受到它的存在。室内外的物质环境，教师的行为举止、教态，教师的书面计划和教学记录，教师之间交流、讨论的内容和方式，甚至幼儿说话的音量、语调等，这些具体的"人为现象"都能反映出幼儿园文化。

一所幼儿园要长久地保持良好的教育质量，获得持续稳定的发展，必须依托于文化发展。幼儿园的文化建设要摒去浮躁，摆脱成人的功利思想，切实地关注幼儿真正的发展。没有文化的积淀与传承，幼儿园的办园质量可能会因为领导更替、课程改革等原因而产生强烈的波动。

关于幼儿园文化建设，目前仅有一些刍议、浅析等，对幼儿园文化建设系统全面的研究尚处在空白阶段。大多数研究仍然停留在抽象的描述层面，较少涉及幼儿园文化如何存在、如何建设、如何起作用等具体问题。本书试图从全局的视角出发，在描述、梳理幼儿园文化建设原则的基础上，提供可资借鉴、模仿的实施途径。全书共五章，第一章是对幼儿园文化整体认识的介绍；第二章至第五章分别为物质文化建设、行为文化建设、制度文化建设、精神文化建设的内容，主要阐述每一种文化的含义、建设的基本原则和实施途径，并辅以生动的案例，以提升可操作性。

本书由北京市西城区三教寺幼儿园园长王岚、教师茅晓燕，北京市丰台区群英幼儿园园长范建华、教研主任王冬梅共同编著。全书具体分工为：前言由王岚撰写，第一章至第三章由王岚、茅晓燕编写，第四章至第五章由范建华、王冬梅编写，最终由王岚、范建华、茅晓燕、王冬梅统合全稿。三教寺幼儿园的陈淑华、陈琳、于静、韩鸰和群英幼儿园的付静、黄海云、顾萌、范小辰八位教师也对本书的编写提出了建议，在此表示感谢。还要真心感谢为本书提供宝贵案例的幼教同人及其所属幼儿园（排名不分先后）：北京市西城区三义里第一幼儿园园长刘晓颖，南京市第一幼儿园，三教寺幼儿园于瑾、张雪莲、赵春艳、魏天骄、王晨、侯思峤、王娜、华冬梅八位教师，群英幼儿园钱晓凤、王谊、张晴、马九春、李萌、曹可洁、张珊、杨菁、段可昕九位教师。本书还得到了北京教育科学研究院早期教育研究所苏婧所长、北京师范大学出版社罗佩珍老师的大力支持，在此亦深表谢意。

在编写本书的过程中，我们深刻感受到园所文化内涵的多元化。幼儿园文化建设需要考虑的因素太多，不同板块之间的关系很复杂。本书本着抛砖引玉的目的，希望推进更多的同行共同探讨幼儿园文化建设的基本规律，探索优化提升的有效途径，助力各自园所的特色化发展。本书力求对相关问题进行充分的探讨，但限于理论功底和实践经验，难免有所疏漏，恳请广大同行、学者不吝赐教。

北京市西城区三教寺幼儿园

王岚

2017 年 1 月

目 录

第一章 认识幼儿园文化

第一节 幼儿园文化的含义和构成

一、幼儿园文化的含义

"文化"一词源于古拉丁文，本意是对自然界植物和动物的"耕作""栽培""饲养"。文化有广义和狭义两种解释，广义的文化是指人类在社会历史实践过程中所创造的物质财富和精神财富的总和。其中物质文化可称为"硬文化"，精神文化可称为"软文化"。狭义的文化是指社会的意识形态，以及与之相适应的礼仪制度、组织机构、行为方式等。每一个组织都有自己特殊的环境条件和历史传统，也就有着自己独特的哲学信仰、意识形态、价值取向和行为方式。于是，每种组织都有着自己独特的组织文化。[1]

一般认为，幼儿园文化是在长期实践过程中逐渐形成的积淀，是全园教师和幼儿大多数成员奉行和遵守的价值观念体系、行为准则，以及体现幼儿园价值观念的环境风貌的总和。文化是幼儿园的灵魂，它像是看不见的绳线，牵引着幼儿园的各项建设和发展。

二、幼儿园文化的构成

20世纪90年代以来，研究者们对学校文化做了具体细致的划分。主流的划分有三种：一是将学校文化分为主流文化、校园文化、班级文化、教师文化和学生文化；二是将学校文化分为物质文化、行为文化、制度文化和精神文化；三是将学校文化分为表层的实体文化、中间层的制度文化和内层的观念文化。

---

① 邢利娅，隋丽丽. 园长在幼儿园组织文化建设中的地位和作用[J]. 内蒙古师范大学学报(教育科学版)，2007，12：33-37.

本书吸纳和借鉴上述关于学校文化划分方式的第二种思路，将幼儿园文化分为物质文化、行为文化、制度文化和精神文化。

(一)幼儿园的物质文化

物质文化是组织成员创造的各种物质产品和物质设施，是组织文化最表层、最外显的内容。幼儿园物质文化是幼儿园全体组织成员在教育实践过程中创造的各种物质设施的总和，是幼儿园文化的物化形态。

幼儿园的物质环境，一方面具有物质的特性，另一方面也构成了幼儿园的"硬文化"，既是幼儿园组织文化的"外壳"，又是幼儿园组织文化"内核"的物质载体，体现着一定的价值目标、审美意向。例如，幼儿园在地理位置的选取、绿化、净化、美化等方面是否注意为教师和幼儿营造舒适的自然环境等，幼儿园是否注意用一些幼儿教育名人的雕塑和事迹激发幼儿园教职工树立职业理想、形成职业价值观等。

(二)幼儿园的行为文化

单纯的、偶尔出现的行为并不能代表文化，大部分成员习惯化的行为方式才构成了文化的重要内容。幼儿园行为文化是幼儿园在长期的发展过程中，幼儿园的教师和幼儿所形成的共同的行为习惯、共同的活动文化。它是幼儿园作风、精神风貌、人际关系的动态体现，也是幼儿园精神、价值观的折射。例如，幼儿园教职工对家长的服务是否周到，幼儿园上下级之间教职工之间的关系是否融洽，各个部门是否全力合作，也包括教师的教育教学行为和教职工的在职学习行为是否合乎要求等。

幼儿园的行为文化是幼儿园文化一个重要内容。有研究者认为，幼儿园行为文化与幼儿园文化之间存在紧密的联系，幼儿园的行为文化水平显著提升，幼儿园文化水平也会随之显著提升。如果行为文化没有形成，那么幼儿园文化的改进将是短暂与缓慢的。有的学者甚至将行为文化等同于精神文化，认为行为文化就是在长期的教育实践过程中所形成的教师和幼儿共同的、特有的价值观和行为总则的总和。我们应该看到，幼儿园的精神文化只能来自幼儿园长期以来的实践活动。因为管理者所倡导精神文化并不一定被幼儿园的组织成员所认同和内化，所以真正的幼儿园文化源于幼儿园全体成员的行为文化。

(三)幼儿园的制度文化

幼儿园的制度一般指的是结合自身实际制定幼儿园的各项规章、条例、公约、园规、教学常规、保育措施、工作手册、岗位职责等。但从广义的角度理解，幼儿园的制度既包括国家颁布的教育方针、政策、法律、规章，也包括政府主管部门制定的各类章程、规则、指示、要求等。

幼儿园管理制度在一定程度上反映了幼儿园组织管理的理念和幼儿园管理的方式。例如，重视科层制、精细化管理的幼儿园，在管理组织设置和幼儿园制度制定上往往反映出幼儿园领导的意志；而重视人本化管理的幼儿园，其组织机构的设置和制度内容处处体现出为组织成员服务的意识。

幼儿园的制度与幼儿园文化融合之后便形成了幼儿园制度文化，这种制度文化直接把幼儿园组织文化外化为师生员工的自觉行动，从而形成一种其他幼儿园无法模仿的幼儿园核心价值观。[①]

（四）幼儿园的精神文化

幼儿园文化的精神层就是精神文化，是在一定的社会文化背景之下，幼儿园在长期办园实践过程中所形成的一种特有的，有别于其他园的价值观念，以及承载这些价值观念的行为模式。

有专家认为，幼儿园文化的核心是理念和愿景，不同的理念和愿景反映出不同的文化和追求。办学理念和愿景一旦确定，幼儿园的文化基调也就基本形成了。因此，精神文化是幼儿园文化建设的关键，是幼儿园文化最核心、最深层、最隐蔽的表现形式。它是幼儿园在长期的发展过程中，大部分组织成员认同和内化的精神成果，表现为幼儿园的园风、教职工的思维方式等。

幼儿园价值观是幼儿园组织成员在教育实践过程中所尊崇的基本信念和奉行的目标，是大部分组织成员对于幼儿园存在意义的判断。幼儿园精神是为谋求幼儿园的发展而精心培育，并与幼儿园个性相结合形成的一种幼儿园主导意识。它主要体现在幼儿园所倡导的办园理想、办园目标、办园特色、园风中，通常都以富有哲理、简洁而有想象力的文字语言的形式被表达出来。

需要注意的是，幼儿园所倡导的价值观、幼儿园精神并非就是幼儿园组织成员实际的精神文化。例如，年轻的新教师对幼儿园的精神文化需要有一个认同的过程，只有经过教师内化的价值观和幼儿园精神，才能真正转化为幼儿园实实在在的精神文化。

三、物质文化、行为文化、制度文化、精神文化之间的关系

物质文化、行为文化、制度文化、精神文化从外到内的分布形成了幼儿园文

---

① 任建龙. 幼儿园组织文化的个案研究：以福州 T 连锁幼儿园为例[D]. 福建师范大学，2011.

化的结构。它们密不可分，相互作用（见图1-1）。

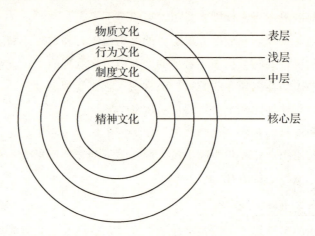

图1-1　物质、行为、制度、精神文化之间的关系

可以说，物质文化、行为文化是幼儿园的"外表"，制度文化是"骨架"，精神文化是"灵魂"。① 物质文化、行为文化、制度文化具有"外显性、物化性、操作性"等特点，建设速度比较快，成效也会比较明显。而精神文化具有"人文性、内在性、积淀性"等特性，建设需要的时间更长。因此，一所幼儿园不可能在短时间内形成稳定的、有特色的精神文化。物质文化和行为文化不同程度上受到制度文化的制约，制度文化又依附于幼儿园的物质文化和行为文化，精神文化则以物化事物、规章制度、习惯化行为等形式隐含于文化中的物质层、行为层、制度层。

目前，我国的幼儿园文化建设不乏结构失衡的现象。很多幼儿园虽然制度相对比较完善，物质环境宜人，但是人文内涵缺失。因此，在建设和优化幼儿园文化的时候，我们不仅要关注物质层、行为层等显性的内容，而且要深入精神层面，并从幼儿园精神文化的核心组织成员的价值观抓起。

第二节　幼儿园文化的功能

教师和幼儿从早晨入园那一刻起，就无时无刻不生活在幼儿园文化的氛围之中。文化是更深层地为组织成员所共享的基本假设和信念。它无意识地发生作

---

① 王普华. 幼儿园管理［M］. 高等教育出版社，2009：172.

用，并以一种被人们视为理所当然的方式规定着组织对自身及其环境的认识。当这种文化不能与时俱进、不断创新的时候，就会成为组织发展的障碍。相反，适宜园所发展的文化具有能够整合、积聚和倍增其他物质资源、精神、知识以及人力资源的作用，具有重要的"资本"作用。同时，对于幼儿而言，幼儿园文化是幼儿在园生活中不可分割的重要部分，对他们的发展具有日常教育活动不可替代的特殊作用。具体而言，幼儿园文化的功能主要包括以下四点。

一、导向功能

幼儿园文化肩负着帮助全体成员建立起符合时代要求的社会价值观的重任。幼儿园作为一个教育场所，其反映的文化应该是社会文化中的"一方净土"。幼儿园文化应该是对社会消极文化的剔除，对积极文化的摄取，即对社会文化"扬弃"后精华的沉淀。在一所充满阳光和关爱的幼儿园中，教师和幼儿必然会受到积极文化的感染，自觉地摒弃和抵制社会消极文化的侵蚀。教师的思想觉悟和道德水准也会逐步提高，成为社会人的典范。

二、规范功能

以园规、园风、文化传统、价值观念、人际关系等方式表现出来的幼儿园文化，一方面起着教育和指导作用，另一方面，其中的制度章法和集体舆论也会成为强大的心理制约力量。

幼儿在幼儿园一日生活中，通过教师的人格和学识在潜移默化中受到社会主流文化的熏陶和感召，更在受幼儿园文化的影响下所建立起的一日常规、行为准则和精神文化中，被塑造为品格健全、品德良好、能够适应集体生活的个体。

对于教师而言，优秀的校园文化能产生巨大的规范约束的功能，这种约束功能表现为"硬"约束和"软"约束两种形态。"硬"约束功能主要是通过既定的制度文化建设，硬性强制幼儿园教师的行为。但是，我们更要强调的是"软"约束。通过创设良好的精神氛围，建设和谐优美的物质环境，开设内容丰富、形式多样的文化活动等，可对教师潜移默化地产生教育作用，软性地规范他们的行为，使其受到启发和感染，产生一种完善自我的内驱力，进而提高自己的思想道德品质等。

三、凝聚功能

幼儿园文化作为幼儿园成员共同具有的思想作风、价值观念与行为态度等，可以使幼儿园成员在心理上和感情上产生凝聚力。良好的幼儿园文化环境能使人身处幼儿园，心中常感温暖。如果教师之间、师幼之间和幼儿之间能够团结友爱、互相鼓励、互相关怀，这种氛围无疑会使人心情舒畅，催人向上。即使走出幼儿园，教师和幼儿也会以作为这所学校的一员而感到自豪，并自觉维护园所的声誉。这种凝聚力一旦形成，就会产生强烈的吸引力，使师生甚至家长共同为幼儿园的发展而努力，做出自己力所能及的贡献。

四、激励功能

良好的组织文化可以激发组织成员形成集体荣誉感，产生对集体的期望和精神上的归属需要，从而增强主体意识，发挥组织对个人的影响和激励作用，以促使成员积极努力地为组织目标而奋斗。墨子见染丝，感慨道："染于苍则苍，染于黄则黄，所入者变，其色亦变；五入必而已则为五色矣。故染不可不慎也。非独染丝然也，国亦有染……非独国有染也，士亦有染。"[①]墨子的"染丝说"揭示了一个道理：人性不是先天所成，而是下什么色的染缸就成什么颜色的丝。同样地，有什么样的文化氛围中就会造就什么样的人。当教师和教职工被弥漫在园所的积极进取的氛围所感召，就会自觉地遵守幼儿园文化的要求，趋向于集体的价值认同，在依照集体价值观行事的过程中，获得荣辱感和自尊感的满足。

总之，教师和幼儿都是优秀园所文化的最大的受益者。在优秀的幼儿园文化中，他们会拥有更好的学习资源、发展机会和空间以及良好的心理氛围，幼儿园将成为令人愉快的学习、生活与工作场所。当教师之间能够开放地交流，真诚地批评与鼓励对方，教师就能够更加坦然地面对自己的不足，并通过彼此的互助与合作寻求改进的方案；当园长能够时刻为教师提供支持，鼓励教师创新，并为教师的大胆尝试和个人提高创造机会与条件，教师会更加热爱和投入自己的工作，并在工作的过程中获得自身的成长；当教师以平等的尊重的姿态面对幼儿，接受和认可幼儿的不同个性与创造性，幼儿将拥有更强的学习兴趣和信心，以及不断追求进步与创造的动力；当幼儿园内部始终弥漫着浓厚的研究氛围，这里的人们就能够更善于反思自己的观念与行为，更容易发现问题，更愿意通过自己的努力不断寻求改进。

优秀的幼儿园文化就等于卓越的品牌，优秀的幼儿园文化会为园所的发展注入无穷的动力。

---

① 李渔叔. 墨子今注今译[M]. 天津古籍出版社，1988.

第三节 园长在幼儿园文化建设中的地位和作用

幼儿园文化建设的关键人物，是幼儿园的管理者，而管理者中最有分量的就是园长。在幼儿园的文化建设中，园长自身的理论认识、文化积淀、人格魅力与文化领导力等素质，会起到关键的作用。

一、园长在幼儿园物质文化建设中的地位和作用

(一)规划设计师

幼儿园的物质环境条件是保证幼儿一日生活正常展开的首要条件。没有一定的物质条件作为保障，幼儿园就难以维持正常的运转。所以，园长要有效利用和调配经济资源，充分挖掘家长和社区等方面的资源，尽可能地为幼儿园创造和提供条件，使各种物质条件发挥最大的教育作用，承担"规划设计师"的角色。

需要注意的是，适宜幼儿发展的物质环境并不一定需要特别昂贵的材料和玩具。尤其是公立幼儿园，其各项支出主要来自各地政府的财政拨款，园长需要善用、巧用每一笔费用。多数幼儿园的环境建设不可能一步到位，因为幼儿教育的理念和思想在不断地前进与发展，作为理念的物化形式，物质环境也一定是在不断完善与调整的。

(二)监督管理者

2016年的新版《幼儿园工作规程》明确要求园长负有组织管理园舍、设备和经费的职责。园长必须了解幼儿园教学设备和生活设备的使用情况，及时检查和维修，减少意外事故的发生，以便教师顺利完成教师工作。对于幼儿园环境建设，园长要了解教学计划，了解幼儿的身心发展需要，进而提出相关要求。

二、园长在幼儿园行为文化建设中的地位和作用

(一)行为的示范者

很多时候，园长的一言一行都会被教师关注，成为教师学习和模仿的对象。园长对幼儿的态度，对教师的态度，对家长的态度，都潜移默化地影响着教师及幼儿的价值观和行为。"其身正，不令而行，其身不正，虽令不从。"园长在幼儿园文化建设中处于主导地位，是管理的主体，园长在做出正确的决策的基础上更

要身体力行，成为幼儿园文化建设的第一执行者。

(二)学习的引领者

如今是知识爆炸式发展的时代，为了适应不断变化的世界，我们提倡终身学习。幼儿教育是专业化的职业，具有不可替代性，需要从业者不断地实践与学习，提升专业能力。一旦停止前进的脚步，幼儿教师就会被远远地甩在后头。一个组织要生存和发展，就必须要强化知识管理，更好地开发、利用和共享知识，而学习正是获得知识的最佳途径。幼儿园是教育机构，是传授基础知识的场所，职工的知识和才华是满足幼儿发展需要的前提。园长更不能满足于现有的学历和知识水平，更要有更新知识、不断学习的紧迫感和强烈的求知欲，不断学习和吸收现代科学知识和管理技术，带动幼儿园全员强化学习风气，鼓励教职工用知识武装头脑，从而促进幼儿园的稳步发展。

(三)人际关系的协调者

幼儿园管理者和被管理者都要互相尊重，学会换位思考。园领导要关心和爱护下属，下属也应该体谅和理解园领导。全园的成员彼此关注和帮助，就会形成园内外良好的人际关系，从而激发人员的归属感，增强幼儿园的凝聚力。文化是由组织管理者设定的。在幼儿园中，园长是否具有民主和平等意识，会直接影响到园所的交流气氛和民主活力。

三、园长在幼儿园制度文化建设中的地位和作用

(一)制定者

作为幼儿园的管理者，制定规章制度是园长管理职能的具体体现。园长必须要认真学习《幼儿园工作规程》《幼儿园管理条例》《幼儿园教育指导纲要(试行)》等文件，领会文件精神并结合幼儿园的实际，与幼儿园园务委员会共同制定适合本园的规章制度。

(二)执行者

园长还是规章制度的执行者，幼儿园管理主要是对人的管理，所以仅仅依靠硬性的管理是不能达到管理目标的，而最有说服力的教育莫过于园长的身体力行。园长作为制度的制定者，必须严格要求自己，按照制度的规定履行自己的职责。

(三)评价者

"评价者"意味着园长要用一定的标准检查实际工作情况，以保证全园职工的

执行过程和工作结果符合制度要求，主要是通过检查、评价和督促发现偏差，找出发生问题的原因，并采取相应的措施予以纠正，以便顺利地实现目标和计划。

一所幼儿园如果仅有比较完善的制度体系，却没有客观合理的评价体系，就会使教师对制度的合理性、公平性产生怀疑。园长作为幼儿园最高的评价者，必须秉持客观公正的评价标准，让所有教师都发自内心地认同与遵守园所制度。

四、园长在幼儿园精神文化建设中的地位和作用

(一)精神氛围的营造者

一个团队的健康发展，需要园所内全体成员的共同努力。尽管大家的知识背景和成长经历不同，所追求的个人目标不同，但是作为幼儿园的一员，就要时时刻刻以园所的整体目标为自己行为的约束边界，把个人的价值融入园所的价值中。园长作为团队领导的核心，其言谈举止、道德思想水平等无疑被全园人所关注，所以说园长是团队建设的灵魂。

园长必须要加强团队建设，有意识地培养全园的合作能力，并做好思想工作，使全园思想统一。幼儿园各部门应以大局为重，局部利益服从于整体利益，个人利益服从于组织利益，避免各自为战，减少内部消耗。园长应从自身做起，倡导以园所为荣，以做幼儿园的一份子为骄傲和自豪，激发全园职工的主人翁意识。

(二)精神宣传的引领者

一个幼儿园具有什么样的精神氛围，通过与园长的沟通与交流，我们就能略知一二。园长的礼仪风貌，谈吐举止，待人接物之道，都反映着园所的精神气质。雷厉风行、做事果断的园长一般讲究工作效率。笑容待人、优雅有风度的园长往往尊重教师，善待员工。园长是幼儿园的名片，是幼儿园精神文化的宣传引领者，园长必须以身作则，在工作中时刻谨记自身的责任。[①]

总的来看，园所文化建设是幼儿园教育的重要组成部分，是全面育儿不可或缺的重要环节，是展现园长教育理念、办园特色的重要平台，是规范办园的重要体现。因此，在建设幼儿园文化的过程中，园长应充分发挥建立者、维护者和监管者的作用，从物质文化、行为文化、制度文化和精神文化四个方面，落实与维护幼儿园文化的蓬勃发展。

---

① 邢利娅，隋丽丽.园长在幼儿园组织文化建设中的地位和作用[J].内蒙古师范大学学报(教育科学版)，2007，12：33-37.

第二章　幼儿园物质文化建设

第一节　对幼儿园物质文化的认识

幼儿园的物质环境是幼儿园物质文化的物态形式，是园所文化的物质层面，是精神文化的外在表现。幼儿园是为幼儿创设的专门的教育机构。所谓"创设"，就是有意的、有创意的设计和安排。因此，幼儿园中的每一事、每一物、每一景，均蕴含教育者的意图、目的和指向。这种意图、目的和指向的存在，就使幼儿园中的物质环境超越了物质本身，显现出其作为文化的存在价值。所谓"专门"，意味着幼儿园作为一个教育机构，对物质环境的要求有别于中小学。幼儿园物质环境有自己的特殊性，有了特殊的环境才能被称为真正意义上的幼儿园。因此，幼儿园对幼儿的发展特点、学习规律的认识是否到位，对幼儿的真正需要兴趣是否了解，幼儿教育观念是否正确，可以在一定程度上通过其物质环境的创设和使用来加以判断。[①]

一、幼儿园物质环境的含义

幼儿园的物质环境是体现幼儿园物质文化的载体，指的是幼儿园内物化形态的教育条件，包括幼儿园地理位置、幼儿园建筑、人文景观、自然环境、园所规划布局、室内空间大小与结构、硬件设施设备、材料物质等。幼儿园的物质环境是人们可观察接触到的"有形的东西"，是幼儿园教职工、幼儿生活与活动的物质基础，影响和制约着幼儿园教育的质量。

幼儿园物质环境创设包含方方面面，比如从对幼儿园的整体规划与设计，到对照明、色彩、质地、噪声等因素的顾及，对材料的各种方面的考虑，再到对空间的位置结合、大小、高度、密度、功能等各种因素的衡量。

---

① 虞永平. 从物质环境中感知幼儿园课程文化[J]. 教育导刊(幼儿教育)，2008，7：4-6.

当你迈进一所幼儿园，透过园所的物质材料和环境，就能在一定程度上感受到它的办园质量。如果幼儿园也像人一样分内在和外在，幼儿园的物质环境就是一个人的外在，外在的面貌能影响和反映内在的精神。

幼儿园的物质环境会因为经济条件、地理位置、历史文化等方面的原因具有显著的差异。幼儿园应该根据自身实际情况对物质环境进行规划与调整，不能因为欣赏某一园所的物质文化就生搬硬套地模仿和追求。

二、幼儿园物质环境的构成

当提到幼儿园的物质环境时，你的头脑中最先跳出来的是什么？"墙面环境""班级活动室""户外操场""阅读教室""教师休息室""门厅"…… 可能每个人说出来的都不一样，但这些都是构成幼儿园的物质环境的要素之一。可以说，走进幼儿园，在我们目之所及之处，物与物的空间关系都构成了物质环境文化。

幼儿园的物质环境是幼儿和教职工生活和活动的物质基础，服务对象的主体是幼儿和教职工。从构成上，幼儿园的物质环境主要包括以下五种。

（一）幼儿园户外活动环境

1. 定义

户外活动环境是通过对幼儿园户外活动空间的规划设计、游戏配备和材料的提供安排形成的、供幼儿开展户外游戏活动的场地。

2. 组成内容

户外活动环境包括集体活动区、大型器械设备区、沙水区、自然种植区、动物饲养区、户外游戏小屋、户外道路、绿地等区域构成。①

（二）幼儿园班级环境

1. 定义

幼儿园班级环境是幼儿日常进行各种室内活动的场所。

2. 组成内容

幼儿班级环境包括活动区、家具设备、玩具和游戏材料、墙面环境、睡眠室（区）、盥洗室（区）等，是为幼儿提供室内游戏、进餐、洗漱、教育活动等日常活动的地方。其中，空间大小、通风情况、采光条件、声音控制、色彩应用、装修维护等，都是活动室内部建筑设计必须充分考虑的。

---

① 刘焱，何梦燚. 幼儿园教育环境创设[M]，高等教育出版社，2014.

(三)幼儿园公共环境

1. 定义

幼儿园的公共环境包括户外公共环境和室内公共环境两大部分。具有整体设计感的、个性独特的公共环境，可以折射出一所幼儿园的办园特色。有些幼儿园，即使我们还未走进班级，与孩子们实际接触，仅仅是欣赏和体验公共环境，就能对它们形成整体的直觉感受，这就是幼儿园公共环境带给人们的第一印象。

2. 组成内容

幼儿园户外公共环境主要包括幼儿园入口、大门、围墙等公共部分。

幼儿园室内公共环境主要包括门厅、走廊及楼梯，是连接幼儿园室内各区域及方面的重要功能空间。

(四)幼儿园教职工的办公环境

1. 定义

教职工的办公环境是保障幼儿园工作顺利开展、正常运行的重要部分。

2. 组成内容

教职工办公环境包括为幼儿的教育及保健服务的园长办公室、教师办公室、教师休息室、医务保健室、晨检室、会议室等，与外界有功能联系的门卫房，以及为全体师幼提供生活膳食的厨房，等等。

(五)幼儿园形象设计

1. 定义

幼儿园形象设计是幼儿园精神文化的典型物化标志，以高度浓缩的具体形象传递出一所幼儿园的办园理念和文化，传递出幼儿园的价值追求和精神愿景。幼儿园形象设计适用于幼儿园向外传播和推广办园文化理念和价值观，促进其品牌建设。

2. 应用场景

幼儿园形象设计一般被应用于楼体建筑、园服、园徽和幼儿园的印刷品(如信封、信纸等)。

三、幼儿园物质文化建设的重要性

2001 年颁布的《幼儿园教育指导纲要(试行)》指出："环境是重要的教育资源，应通过创设和利用，有效地促进幼儿的发展。"2016 年最新颁布的《幼儿园工作规程》更是要求："创设与教育相适应的良好环境，为幼儿提供活动和表现能力的机会与条件。"

幼儿园应该为孩子们创设良好的教育环境，合理组织教育内容，提供丰富的玩具和游戏材料，开展适宜的教育活动。幼儿园物质环境既是幼儿生活和学习的环境，对幼儿的身心发展产生着重要影响，也是教师工作和生活的场所，对教师的工作产生着不容忽视的影响。

（一）对幼儿身心发展的影响

幼儿园的物质环境主要在幼儿的身体健康、认知发展、社会性发展等方面有着重要的影响。

1. 对幼儿身体健康的影响

让幼儿健康成长是幼儿园的首要目标，保证幼儿接触的材料与玩具的安全与卫生是保障幼儿身体健康最基本的要求。在此基础之上，幼儿园应创设符合幼儿年龄发展特征的环境，提供有利于幼儿身体活动的设备和器材。

例如，户外游戏活动场地是幼儿锻炼身体和通过运动进行学习的主要场所，场地的利用是否得当，结构布局是否合理，绿地设计是否适度，幼儿的多样性和趣味性需求是否被满足等，都会影响幼儿的活动体验，对其身体发展产生不同的影响。

2. 对幼儿认知发展的影响

幼儿通过与物质环境的直接接触对物体进行感知、观察和操作，从而认识物体及物体与自身的关系，并尝试学习解决的方法。因此，物质环境对幼儿的感知、好奇心、想象力、创造力以及动手能力的发展都有极大的影响。当然，物质环境对幼儿认知发展的影响又受物质材料的丰富性、可变性和可操作性的影响，同时还受其他因素，如空间密度和结构等的影响。所以，幼儿园物质环境质量的优劣直接影响幼儿的认知发展。

研究表明，丰富的物质环境条件能够促进幼儿思维能力的发展。一个有丰富物质环境条件的幼儿园，能为幼儿提供大量的感知刺激物。例如，建构区的"积木角"能让幼儿了解物体的形状、用途，以及不同的搭建方式等；设置"自然角"，能使幼儿通过对自然角的观察感知了解自然。不过，物质的丰富程度也应该讲究适宜，有时带有过分刺激性的色彩和过于复杂美观的布置可能会引起幼儿烦躁不安的情绪，以及其他的不适。

3. 对幼儿社会性发展的影响

幼儿园物质环境作为一门"隐性课程"，对幼儿的社会性有着潜在的、深刻的影响。首先，物质环境的内容及其营造的氛围会对幼儿的行为产生暗示和引导的作用。例如，以讲礼貌友好为主题的墙面装饰能引导幼儿产生积极的社会行为，相应地减少幼儿之间的争执行为，有利于幼儿之间的社会性交往。其次，幼儿活动空间的大小和密度会影响幼儿的社会性发展。国内外学者的研究均发现，幼儿园活动的空间密度高于一定的界限，会使幼儿在自由选择的游戏活动中较多地产生消极的社会性行为。因此，幼儿园在创造环境时，要注意适当的空间密度，避免过分拥挤。当然，每组人数应当足以引起幼儿丰富的交往行为，过多和过少都不利于幼儿积极社会性行为的产生。[①]

在活动面积较大和活动材料丰富的情况下，幼儿表现出的竞争性、侵犯性和破坏性行为都低于活动空间小、活动材料贫乏的情况下产生的类似行为。[②] 数量较多的幼儿集中于人均空间不足的地方进行游戏活动时，抢夺玩具、争执吵闹的现象会大幅度提升。有时候教师为了观察和安全维护上的方便，将数量较多的幼儿聚拢在一个区域，引起幼儿之间频繁的冲突，这种做法是不可取的。

（二）对教师工作态度和工作表现的影响

幼儿园除了是幼儿生活与学习的场所，同时也是教师工作的环境。教师在园工作的主要内容，包括组织幼儿在园的生活，支持和引导幼儿的学习活动，从而促进幼儿的发展。幼儿在园生活和学习的质量，很大程度上与教师的工作态度和能力有关。

园长应该重视为教师创造良好的工作环境。教师只有在舒适的环境中工作，才能感受到自身的职业得到了尊重，才能以良好的工作情绪和状态对待工作，最大限度地发挥工作的主动性、积极性与创造性，从而为幼儿提供高质量的教育服务。

因此，一个有利于教师学习与发展的环境，才有可能成为有利于幼儿学习与发展的环境。

---

① 陈玲. 创设良好的物质环境，促进幼儿社会性发展[J]. 考试周刊，2009，13：226.
② 王艳. 幼儿园环境创设对幼儿身心发展的影响和价值[J]. 科教文汇(中旬刊)，2016，3：107-108.

第二节　物质文化建设的基本原则和实施途径

本节首先从宏观的角度，讲述整个园所物质文化建设的基本原则和实施途径，说明无论是班级环境、公共环境，还是教职工办公环境、幼儿园形象设计等，其创建都应该遵从整个园所的基本原则和实施途径；接着再详细地讲述户外环境和班级环境创建的基本原则和实施途径。户外环境和班级环境是整个幼儿园物质文化环境的核心组成部分，最能体现一所幼儿园的教育理念和价值追求，而在大原则之下还有一些需要遵守的独特原则。

一、幼儿园物质文化建设的基本原则和实施途径

（一）安全首位原则与实施途径

2012年颁布的《幼儿园教师专业标准（试行）》提出，要"要关爱幼儿，重视幼儿身心健康，将保护幼儿生命安全放在首位"。保护生命安全是幼儿园教育最根本的红线。尤其是学前教育的儿童年龄小，自我保护能力差，自控能力弱，比起其他阶段的学生来说，更容易发生安全事故，因此需要幼儿教师将更多的精力投放在保证幼儿的人身安全上。

幼儿园的物质环境应尽可能地设计上将风险系数降到最低，最大限度地杜绝安全隐患。这样即使发生人为不可控的安全事故时，其对幼儿造成的等级伤害也会在可接受范围之内。毕竟，如果幼儿的安全得不到保障，再怎么高谈幼儿的全面发展都是空谈。

保障幼儿的安全，需要做到以下几点。

1. 保证玩教具配备的安全

幼儿园里的材料和环境是幼儿每天都要接触和使用的，必须严把安全关，保证设施安全。幼儿园要使用符合国家安全标准的材料，选择和投放安全、绿色、无毒的装饰和玩教具。园长在采购环节和使用环节上，对玩教具和设备的安置及空间规划都要严格按照相应的标准进行。

全国政协委员、北京师范大学学前教育系刘焱教授在2016年"两会"期间，提出了重视幼儿玩教具安全的建议。在调研幼儿园玩教具配备现状时，刘焱教授发现许多玩教具配备存在质量与安全问题，这促使她呼吁一定要重视幼儿的玩教具安全。

刘焱教授提出的其中一条建议是：让幼儿园园长直接参与玩教具招投标。她认为幼儿园玩教具招投标应该让幼儿园园长参与，细述需方的真实需求，这样才能避免资金浪费，逐出劣质产品。

同时，刘焱教授还建议在幼儿园生均经费中设立专门的玩教具经费。幼儿园区别于中小学的一点是以游戏为基本教育教学活动。通过游戏学习，在操作中学习，这是幼儿学习的特点。幼儿园有了玩教具，幼儿才能在游戏中学习。玩教具是幼儿游戏的工具，也是幼儿学习的材料，是他们的"课本"。玩教具是耗材，需要定期增补，应该在幼儿园生均经费中专门增加玩教具的生均经费项目和标准。

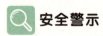 **安全警示**

每年上万名儿童因劣质玩具致残致死

据统计，我国每年有超过 20 万 14 岁以下儿童因意外伤害而死亡，致伤致残的儿童数量更为庞大，其中儿童玩具及用品等导致的意外伤害约占 5%。每年都有因儿童玩教具及用品导致的意外伤害致死致残案例见诸报端。

户外设施不安全，幼儿园不敢放手让孩子玩

游戏是幼儿天然的运动，对于促进幼儿身体健康发育和成长具有重要意义。但是，幼儿园却不敢放手让孩子去玩。为什么？关键在于许多幼儿园的户外游戏活动环境不安全。刘焱教授曾调研过 100 多所幼儿园的户外场地，发现合格的很少，普遍存在安全隐患。

滑梯的隐患

目前，我国的滑梯高度标准是 0—14 岁的标准，没有专门为 3—6 岁幼儿设置的滑梯高度标准。许多幼儿园的滑梯不仅过高，还忽略安全防护。按照相关规定，像滑梯这样的大型运动器械，其下方底部及四周边缘应向外延伸 1.8 米为防碰撞跌落区域（器械间为 3 米），应铺设厚度至少为 20 厘米的弹性松软的自然材料（如草坪、树皮、木屑、沙子、沙砾等），或厚度至少为 5 厘米的塑胶地垫。对于这些规定，许多园长并不知情，也没有人专门检查。

秋千的隐患

秋千应独立设置并用围栏与其他区域隔开，并排设置的秋千座位数量不能超过 2 个，秋千座椅下方及前后延伸的软性铺面应为支架高度的两倍，而且禁止把秋千铺设在大型组合运动器械中。但许多幼儿园却将秋千与其他玩具组合在一

起。如果一个孩子正在荡秋千，前面或者后面有孩子跑过，将会有非常大的安全隐患。

大型设备的摆放隐患

许多幼儿园的大型运动和游乐器械都是直接放置在水泥地上，甚至还有幼儿园以鼓励孩子做出格的冒险事情为荣。例如，鼓励孩子爬旗杆，旗杆下面就是水泥地。那么高的旗杆，万一孩子掉下来，接都接不住。教育先进国家的幼儿园也鼓励孩子爬树，但爬的是分叉很低的树，树下面一定是柔软的草坪。鼓励幼儿冒险，一定得是适度冒险，一定要以环境安全为前提。

跑道的隐患

对孩子而言，玩具质量与安全是第一位的。最近，毒跑道事件引起社会广泛关注，最受伤害的则是幼儿。有毒跑道刺鼻的塑胶气味很多年都不会散去，而且游离态 TDI 悬浮的高度正好与幼儿的身高契合。离地面越近，其浓度越高。

废旧材料的隐患

现在，许多幼儿园常常收集废旧生活材料作为幼儿游戏材料，因此必须关注这些材料的安全问题。例如，纸箱本来不是设计和预定给孩子玩的，如果幼儿园给孩子玩，纸箱上的印刷油墨可能导致孩子铅中毒。废旧轮胎在幼儿园用得非常普遍，但废旧轮胎含重金属，藏在孩子指甲里的废旧轮胎碎屑如果被孩子吃进去，会影响孩子的健康。刘焱教授介绍说，安全的玩具应用无毒无害材料做成，边缘光滑，突出部件和运动部件不会脱落，耐摔打，耐重击，耐咀嚼，不会因正常使用或合理可预见的滥用导致幼儿出现窒息、割伤、吞食、辐射过量、化学元素和重金属中毒等风险。安全的玩具要经得起孩子的合理滥用。例如，磁性玩具应考虑到孩子可能会把玩具里的磁铁抠出来，如果被孩子吃进去将有可能致死。所以，磁性玩具中的磁铁不可外露。

表演服装的隐患

幼儿的表演服装安全，也是非常容易被忽视的一点。现在的幼儿表演服装有许多亮片装饰，还有许多小珠子，这些都是不安全的。还有一些衣服材料，如假发、头套等，属于易燃品，都很危险。这些常识，不仅企业要知道，幼儿园园长、教师、家长也要知道。每一条玩具安全标准的制定，都是以孩子的生命和健康为代价的，付出过血的教训。

社会、政府、企业、学校、幼儿园、家庭都要重视玩教具的安全问题。游戏是儿童的天性，玩具是孩子的童年不可或缺的伴侣，千万别让孩子的童年伴侣成为童年杀手。人的生命只有一次，珍视孩子的生命，保护孩子的生命安全，就一定要注意玩具的质量与安全!

（来源：《全国政协委员：严格追责，杜绝玩具杀人伤人》，《中国教师报》2016年3月9日）

 **拓展阅读**

美国幼儿园环境安全评估标准①

美国各州教育行政部门都很重视幼儿园的环境安全问题。幼儿园要想获得办园许可证，必须通过严格的环境安全检查。地方教育行政部门每年会派专人对辖区内的幼儿园定期或不定期进行安全检查，以确保在园幼儿的安全与健康。具体标准如下：

一、室内环境

1. 每个幼儿的活动空间平均不少于35平方米。

2. 房间温度保持在20～28℃。

3. 房间有良好的通风条件。例如，有纱门、纱窗。另外，通风设备运转正常。

4. 供幼儿使用的所有房间均有两个出口。

5. 地毯和窗帘采用防火材质。

6. 房间光线充足。

7. 玻璃门和矮窗安装安全玻璃。

8. 教室、卫生间和厨房干净整洁，地板每天清扫，卫生间至少每隔一天擦洗一次。

9. 桌椅符合幼儿身高要求。

10. 电源插座必须覆盖安全盖。

11. 电话分机线维护良好。

12. 烟雾报警器放置在适当位置且功能正常。

13. 设备、器材以及活动合理安排，保证门廊干净畅通。

14. 玩具器械和设备放置在指定地点，并经常有专人检修。

15. 大件设备，如箱柜、钢琴、书架等，牢固地固定在地板或墙上。

---

① 金晓梅. 美国幼儿园环境安全评估标准[J]. 幼儿教育，2003，1：12.

16. 清洁剂、化学物品和其他有毒物品锁入柜内。

17. 如果有楼梯，则需做到：扶手符合幼儿身高，楼梯间不摆放玩具和杂物，楼梯间光线好，楼梯表面要做防滑处理。

18. 对卫生间的要求：厕所和水池通畅；平均每10～12个幼儿一个厕所和水池，并设有供幼儿训练大小便的便盆椅；有供幼儿洗手用的香皂；每个幼儿有自己的毛巾(或纸巾)；厕所坐垫每次用过后都做好清洁工作。

19. 至少有一个灭火器，且安放在方便的位置，每年由专业人员进行检修。

20. 房间内无老鼠或害虫。

21. 厨房严格遵守卫生要求。

22. 园内至少有一名工作人员接受过意外事故救治训练，应常备一些急救工具和药品。

23. 所有药品锁在柜子或盒子里。

24. 每月进行一次火灾、暴风雨等灾难的逃生演习。

二、户外环境

1. 户外活动场地远离交通要道、噪声和化学污染源。

2. 活动场地与幼儿活动室毗连或很近。

3. 户外场地排水畅通。

4. 配有方便的洗浴和饮水设备。

5. 有适合幼儿开展不同活动的不同地面，如草地、水泥地、沙地等，既有阳光照射的地方，也有被树荫遮住的地方。

6. 游戏器材性能良好，无破损、锈蚀、断裂，无尖锐棱角。

7. 游戏器械适合幼儿的年龄特征。

8. 在大型攀登设备下备有足够的软垫子，并及时清除上面的碎渣。

9. 大型器材固定在地面上。

10. 各类器械分散放置，使幼儿不至于过于拥挤，也便于教师监管幼儿活动。

11. 户外场地四周有至少4米高的围墙封闭。

12. 园内没有有毒的植物。

13. 化学剂、杀虫剂、油漆、汽油类物品锁入箱内。

14. 经常清除地面碎渣，经常修剪草地，破损器材及时搬走。

15. 经常检查戏水池或游泳池，不使用时及时把水放干。

2. 积极排查和消除环境中的不安全因素

创造安全的环境，并不是一次过关就能一劳永逸了。幼儿园进行安全大排查时，可能当下并没有发现问题，但是没有发现并不代表没有。而且，大型设备、游戏材料与设备等是会发生老化和破损的，有使用周期，必须定期维护和更换。

案例 提早离园去冒险

> 某一天的下午，孩子们陆陆续续地将吃完饭的空碗送到指定的位置，然后漱口，从衣柜取衣服。晚离园之前的准备跟以往一样并然有序地进行着。可谁也没料到，平时淘气的小秦头脑中却蹦出了一个有挑战性的想法：提早离园去冒险。他趁着老师不注意，偷偷摸摸下了楼梯。在他走到大门前，踮起脚尖准备使劲用手去拍按开门按钮时，幸好被保安师傅及时发现，防止了危险事件的发生。
>
> 事情发生之后，王园长召集全体老师及保安师傅一起开会讨论此事，请老师们反思平时的工作是否存在疏漏，每个班级老师之间的合作与分工是否合理。老师们提出幼儿园大门开关按钮的高度对于大多数孩子来说足够高，但对个别高个子、蹬跳能力强的孩子来说并不是那么高。园长当机立断，决定将大门按钮的高度再往上调，防止可能存在的安全隐患。
>
> （来源：北京市西城区三教寺幼儿园 茅晓燕）

 想一想

我们不能依靠简单地限制幼儿的自主活动来减少意外事故和伤害性事件的发生。上述案例中，王园长的做法是值得肯定的。对园所的安全问题有足够的防范意识，说明园长有大局观念，具备分清主次的能力。对幼儿园安全问题的重视与否是考验园长管理经验与能力的试金石。

"我们不图孩子在幼儿园里能学到多大本领，最大的心愿是孩子平平安安，不出意外。"一旦孩子在幼儿园里磕到点儿碰到点儿，幼儿教师总能听到家长类似的嘱咐。家长把自己的孩子送进幼儿园，心里最紧张的就是孩子的安全问题。

幼儿教育的重要性越来越被实践和研究所证实，幼儿园被认为是孩子接受教育的第一扇大门。现如今，我国的幼教事业蓬勃发展，幼儿教育质量得到了普遍的重视和提升。幼儿园课程、师幼互动、教师专业能力等与教育质量挂钩的方面被高频率地提及和研究。与之形成对比的是，人们对"教育安全"却缺乏应有的重视。教育安全是一切之首，是"0"之前的那个"1"。前面的"1"没了，获得的荣誉再多，教师的专业能力再强，都无济于事。一所幼儿园一旦发生安全事故，园领导和全体教师付出的努力和心血顷刻间就会化为乌有。

幼儿园园长可以思考一下：在幼儿园管理工作中，我们对安全工作的重视是否足够？投入在安全工作的时间是否充分合理？

(二)整体规划设计原则与实施途径

幼儿园的物质环境文化是一个系统工程，幼儿园物质文化建设不是简单的部分相加，而是要形成设计风格、教学目标等方面的整体性和连续性，追求一种有序的、有机的、优化的建设。户外活动环境、班级环境、公共环境等方面都要统筹考虑，而散乱无序的幼儿园物质文化反映的是园所精神文化的紊乱与不统一，教育理念的模糊和不明确。

因此，幼儿园物质文化建设最终要强调整体效应，要求达到整体优化。园长必须意识到幼儿园物质文化是由各部分组成的有机结合的整体，要厘清幼儿园物质文化建设的基础问题，不断完善幼儿园物质文化建设。幼儿园要全面考虑和利用一切可利用的资源，因地制宜，形成自己的建设特色。[①]

案例 园舍本身就是培养孩子、教育孩子的工具

日本藤(Fuji)幼儿园由享誉盛名的加藤积一和加藤久美子夫妇创办，创始人先后结识了日本著名的设计师佐藤可士和，日本著名建筑师手塚夫妇。佐藤可士和与手塚夫妇为园舍的创建投入了巨大的心血，融入了无数的妙想和创意。可以说，藤幼儿园是一所由教育家、设计师、建筑家联手创建的梦想幼儿园。藤幼儿园一经落成便吸引了全世界的目光，并被经济合作与发展组织评为世界上最优秀的教育建筑。这个奇异建筑，在幼儿园建筑设计、幼儿园管理、师生互动环节的设计、现代生活与文化传承的思考、儿童的需要、现代生活的预备等方面，都跳出了传统幼儿园的框架，注定将引领未来世界幼儿园的发展趋势。

建筑师经过园所实地情况考察之后，认为那里"无法建造豪华宏伟的园舍"，转而追求园舍通风情况良好。在一个可以感受到微风和季节变化的地方，孩子们可以彼此建立更加和谐的人际关系。整个幼儿园是一个变形的椭圆形，由一些线条相连接，而这些曲线也是不规则的，没有固定的中心点。

---

① 梁岚．对中小学校园物质文化建设的研究[D]．内蒙古师范大学，2007.

试图要找到一个半径是不可行的，建筑师就顺其自然，创造了一个没有中心的屋顶板。它的内部是一个综合的空间，没有将房间隔开的墙壁，只通过家具来分区。三棵被保存下来高25米的大树透过屋顶板伸向天空。

一草一木都具有教育价值

屋顶倾斜，外高里低。这样的坡度，反而让孩子们觉得在上面奔跑更有意思，园舍本身就是一个巨大的玩具。低低的屋檐使老师可以看到孩子们在屋顶上的活动。屋顶有四处设置了滴水嘴，下雨时，孩子们会聚集在滴水嘴的地方观看"瀑布"。孩子们喜欢流水。

连续、开放的教室让每个孩子受到重视，有利于孩子交往

传统的长条形校舍里较远的孩子容易受到忽略，且不利于孩子关心他人，而这种连续、开放、无终端的教室设置不仅会让每个教室的每个学生感觉到自己受到同等的重视，还能增强班级之间的人际关系。

没有墙壁，孩子不是很容易跑到别的教室里面去吗？

"那并不是一个问题！小孩子突然发现自己处身于一个新环境，他们会很自然地学会如何与新的人、新的环境交流、交往、相处。何况孩子们在哪里不能学习呢？每一间教室，都是一个学习的天地。"

（来源：《教室没有墙壁会怎样？带你看看最优秀的教育建筑》，《东方教育时报》2016年2月15日）

 想一想

我国很多幼儿园都长得太过相似，几乎千篇一律。园所的整体风貌设计恰恰更能反映和展现一所幼儿园的理念与文化，而我国绝大部分幼儿园整体缺乏设计感，无法让人一眼就能感受到该幼儿园所倡导的教育理念、办园特色。

一所幼儿园在建造的时候，园长往往承担了多重角色，可能不仅是教育者、领导管理者，还是设计师和建筑师。幼儿园的规划设计工作往往由园长和主要园所管理者拍板决定。术业有专攻，园所建筑的规划和设计找专业的人才参与其实更加合理。很多幼儿园园长很少将建筑师、设计师与幼儿园联系在一起。但是藤幼儿园的实例告诉我们，可以打破思维定式，寻找与自己园所理念相吻合的设计和建筑专业人才，精心设计园所面貌，因为园舍本身就是培养孩子的工具。

（三）服务双主体原则与实施途径

毋庸置疑，幼儿是幼儿园物质环境的服务主体。在幼儿园的物质环境创设上要以幼儿为主，遵循幼儿的年龄特点、身心发展规律，符合幼儿的兴趣和需要。同时，幼儿园也是全体教师生活和学习的重要场所。幼儿园物质环境的服务对象不仅有幼儿，也有教师，幼儿园需要为教师准备适宜的学习工作和休息场所。

1. 实现幼儿主体的实施途径

幼儿园以 3～6 岁儿童为主要教育对象，创设符合幼儿年龄特点、幼儿身心发展特点、幼儿认识和学习特点的环境至关重要。皮亚杰理论提出，6 岁以前儿童尚不具备抽象逻辑思维，主要处于直觉动作思维和具体形象思维阶段，幼儿是通过"行动"来思考，依靠"感官"来学习的。"知识"若不是经过幼儿的"亲身体验"直接获得，而是通过成人间接传授，就不可能转化为真正的知识。因此幼儿园环境创设应与幼儿身心发展的特点和需要相适宜。幼儿园需根据幼儿的年龄特点和个体差异，创设适宜的环境，提供种类丰富、数量适宜的玩教具材料，满足幼儿的不同兴趣和需求，从而促进幼儿的游戏和活动能力。

例如，小班幼儿喜欢玩平行游戏，为他们提供的玩具就应该同品种的数量多一点。中大班象征性游戏水平较高，为他们提供的玩具材料可以是一物多用的。幼儿的小肌肉动作发展较差，幼儿园可提供一些穿珠、拼插、剪贴等方面的材料，让幼儿进行练习。有的幼儿大肌肉动作发展差，幼儿园可提供脚踏车、攀登架等让他们进行练习。

> **案例** 让孩子体验实实在在的生活——"玩美小厨房"专项教室

我国著名教育思想家陶行知曾提出"生活即教育"的观点，他认为生活含有对人的教育作用。在此教育理念基础之上，根据幼儿喜欢动手操作的学习特点，我园建立了一个专供幼儿锻炼和施展厨艺的操作间——"玩美小厨房"，将班级区域活动的"娃娃家小厨房"变成真实的生活情境，把游戏化的泥工活动延伸为真实的美食制作。我们希望幼儿通过真实的操作，丰富生活经验，促进其各方面能力的学习和发展。

1. 设备齐全，配备专职教师

小厨房设备齐全，分为烧烤区和生活区。生活区有适合孩子操作的操作台、洗涤区，配备各种餐具、厨具、消毒设备等，可以培养孩子对厨房用具的兴趣，从中掌握更多的生活技能，体验生活的乐趣。专职教师负责饮食安全卫生方面的把控，同时承担小厨房的教学活动设计任务。教师根据幼儿的年龄特点已经设计了百余项美食体验活动，也多次开展亲子美食活动，得到了家长的肯定和好评。

2. 体验操作的乐趣，丰富生活的经验

孩子进入"完美小厨房"，身份立马转变，成为名副其实的厨师。孩子们在厨房里可以学习认识各种食材，针对不同的食材采用不同的制作方法。例如，孩子们可以运用面粉、牛奶、奶酪等食品原料制作各类面点，成为面点师傅。当孩子们看到盘子里摆满汤圆、披萨、蛋糕、蛋挞等香喷喷的食品时，脸上洋溢着快乐、满足、自豪的笑容。

每做完一次活动，孩子们都会迫切地追问："老师，下次我们做什么好吃的呢？""下星期三我们班还来小厨房吗？""玩美小厨房"深受孩子喜爱，孩子们对每次在小厨房的活动都兴趣浓厚，记忆深刻，总是盼望着下一期活动的到来。

3. 家长也参与，提供亲子互动平台

小厨房不仅是孩子们的乐土，老师们会想方设法让家长也参与进来。家长参与的方式多种多样。例如，聘请家长当小厨房的老师，身为餐厅厨师、烹饪爱好者的家长都可以主动加入进来，为孩子们上一堂生动的美食课。幼儿园与家庭之间应该建立亲密的纽带，让家长以亲切自然的方式进入课堂，使他们对幼儿园产生更强烈的认同感。孩子们也会因为家长的经常到来而开心，尤其对于小班的孩子来说，幼儿园相对他们来说是一个陌生的环境，家长的参与使他们觉得幼儿园和家庭的界限渐渐模糊，从而能更容易地融入幼儿园，把幼儿园当成家的延伸。班级老师也会对应相应的季节和节日设计不同的烹饪主题，然后邀请所有孩子的家长参加亲子美食派对。

（来源：北京市西城区三教寺幼儿园　于瑾）

 想一想

在幼儿的学习中，教师要遵循幼儿的学习规律，把握他们的学习特点，以适合他们的学习方式引导幼儿在"玩中学、做中学、生活中学"，让孩子学得快乐，学得有效。案例中的专项教室"玩美小厨房"，从孩子的兴趣和学习需求出发，模拟孩子们真实的生活场景，提供生活中真实的材料工具，让孩子真真正正地在学

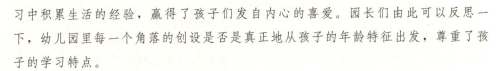

习中积累生活的经验，赢得了孩子们发自内心的喜爱。园长们由此可以反思一下，幼儿园里每一个角落的创设是否是真正地从孩子的年龄特征出发，尊重了孩子的学习特点。

2. 实现教师主体的实施途径

幼儿园的物质文化对教师有潜移默化的影响。经过精心设计的幼儿园的物质设施可以为教师提供舒适、优美的工作环境，增加工作的动力，舒缓压力，消化负面情绪，也可为教师之间的交往、沟通与学习提供舒适的空间，促进幼儿园内部教师之间良好人际关系的形成，进一步促进幼儿园的团体协作、和谐发展。

（1）建立教师办公室

教师办公室是教师进行教学研究、准备教学活动、办公、查阅资料及接待家长的地方，是教师学习、交流、工作的重要场所。教师除了和孩子们在一起之外，还需要一个相对独立安静的环境来静心备课、悉心研讨、耐心反思。

很多幼儿园的教师办公室都比较简陋，空间局促。还有一些甚至没有独立的教师办公环境，比如在孩子的睡眠室内挤放一张办公桌充当办公的场地。幼儿园教师没有一个可以安心工作的空间，从某种意义上来说，不仅是外界社会、政府对幼儿园教师的重视不足，也以小见大地体现出园长对教师员工的不够重视，对教师专业发展重要性的忽视。

（2）建立教师休息室

教师休息室是教师休息放松的场所，也可是教师之间自由交流与学习讨论的地方。

幼儿教师照看和教育的对象是低龄儿童，他们的自我保护的能力和躲避危险的能力不足，需要教师时刻予以照顾和关注。甚至在幼儿午睡的时候，教师也要定时检查他们的午睡情况。所有幼儿教师都不敢公开谈休息，生怕被冠上"不负责任""忽视孩子安全"的罪名。但实际上，幼儿园应该保留教师的适当休息权。在认真完成工作职责之外，教师应该得到很好的休息，因为只有这样才有更多的精力、更好的状态照看孩子。带着疲劳工作既会影响工作效率，也会加剧教师的负面情绪。最近几年，关于幼儿园教师虐童的负面新闻屡屡见诸报端。虐待幼儿的主因肯定是教师职业道德素质低，品格不健全。但我们也不得不注意到，高强度的工作也会诱发教师的粗暴行为，造成教学失态。一些占地较小的幼儿园，用于幼儿活动的空间已经非常窘迫，为教师设置专门的休息室更是奢望。

同时，教师休息室也是教师们交流与沟通的场地。很多幼儿园教师都说自己的社交圈子并不大，他们每天面对着天真烂漫的孩子，将大部分时间都奉献给了孩子。但是人作为社会性动物，有与他人交往与交流的正常需求，所以园长应尽可能地为教师创造舒服适宜的交流空间，让教师在工作环境中获取归属感。

案例 教师博物馆，提升教师幸福指数

> 幸福是一种能力，离不开智慧的指引。而这种智慧，同样要有平台做依托。只有在幸福的土壤上，才能培育出幸福之花。在促进青年教师成长的过程中，我们积极为青年教师搭建享受幸福的平台，在幼儿园筹建了"草根博物馆"，一所属于教师自己的博物馆。这个博物馆真实准确地记录了每位教师的成长历程，也加强了教师对幼儿园的归属感，有利于提升教师的幸福指数，进而形成积极的职业态度。
>
> 教师博物馆分为展示区、休闲区和创意区。
>
> 展示区主要展出幼儿园教师个人事迹、成果及实物等内容，包括教师的优秀论文、优秀教案、备课本等，让教师品味教育历程中的幸福。
>
> 休闲区提供了各类图书，包括教育、健康、服饰、美食、旅游、画报等，教师可以利用博物馆资源弥补自身知识的欠缺，为教育教学拓展新的视野，使教师的学力结构从单一性的结构模式向综合性的结构模式发展。
>
> 创意区主要展示一些教师的创意作品，有生活中的小创意，也有教育教学中的小创意。这是教师个性的释放，也是教师美丽生活的彰显。
>
> 教师博物馆展示了每位教师的"工作"记录、"成长"记录，教师可以体会到幼儿园对每一位教师的关注，对每一位教师的成长与成功的重视。这使每一位教师，尤其是青年教师有了情感的归属感，让她们真正感受到教育的幸福、成长的幸福。
>
> （来源：南京市第一幼儿园）

想一想

教师是幼儿园物质文化建设不容忽视的服务主体之一。工作环境将影响幼儿教师对自己工作的满意程度，教师们除了和孩子们在一起外，还需要一个相对安静、适合教师间交流的空间来备课、研讨。园长应适度转移视线，将目光转向教师，为教师创造一个可供"充电"的地方。因为，一个有利于教师学习与发展的环境，才有可能成为有利于幼儿学习与发展的环境。园长要真正地为教职员工考虑，尽可能地为他们创设舒适的工作环境。

（四）因地制宜原则与实施途径

建设幼儿园物质文化，要从幼儿园自身的实际出发，尽可能地发挥幼儿园的优势，努力形成自己的特色文化。建设有特色的幼儿园物质文化要因地制宜，依据本园的历史、文化传统，教师工作队伍特色，原有的自然环境、人文景观等因素的实际情况，在诸多方面努力。同时，幼儿园物质文化建设，要根据自身的条件和财力状况，本着节约、务实、高效的原则进行。切忌盲目攀比，华而不实，奢华浪费。

真正有生命力的幼儿园物质文化根植于现实的土壤之中，紧紧跟随幼儿园精神文化不断调整和发展。具有特色的幼儿园物质文化能够使人一进入幼儿园就能受到它的感染、熏陶和影响。[①]

案例 依托本土资源的"安吉游戏"

最近几年，"安吉游戏"风靡全海内外，安吉幼儿园也因此成为学前教育专家和学者热衷研究的对象，得到世界上很多权威专家的认可和赞赏。"安吉游戏"之所以能够如此受到大家的瞩目和肯定，离不开当地政府对学前教育的重视和支持，离不开幼儿园教育工作者的先进教育观念。但不可否认，安吉的游戏教育之所以轰动全世界，依托和利用本地的资源环境是十分关键和重要的原因之一。

浙江安吉，黄浦江之源，曾获联合国最佳人居奖，也是十八大报告中"中国美丽乡村"概念的原型地。这里，山青水绿，处处风景。安吉各幼儿园因地制宜，依托宝贵的自然生态资源，创设各种适应、激发孩子兴趣与能力的游戏材料与环境。

安吉县机关幼儿园根据安吉的山区特点，就地取材，先后创设了近20个野趣游戏区，有大沙水池、欢乐运动场、户外建构、冒险岛、农家乐、大脚丫沙池、小树林、石玩坊、涂鸦、废旧工厂等，处处洋溢着大自然的气息。"冒险岛"的沟壑、山坡、草坪、秋千、木屋、绳网，不仅为孩子们提供了锻炼体能的机会，更带给孩子们无限的游戏想象，既具有挑战性，又具有原始生态性。而游戏中提供的麻袋、麻绳、木桩、木条、木箱、梯子等，更可以让孩子险岛"的沟壑、山坡、草坪、秋千、木屋、绳网，不仅为孩子们提供了锻炼体能

---

① 梁岚. 对中小学校园物质文化建设的研究[D]. 内蒙古师范大学，2007.

的机会，更带给孩子们无限的游戏想象，既具有挑战性，又具有原始生态性。而游戏中提供的麻袋、麻绳、木桩、木条、木箱、梯子等，更可以让孩子自由自在地尽情表达自己。孩子们的涂鸦，有的是随性的线条与点的组合，有的是天马行空的想象画，有的是对生活情境的再现。

学前教育工作者在参观安吉幼儿园之后，往往为之震惊并发出感叹。他们认为城市里幼儿园的孩子只能在钢筋混凝土堆砌的有限空间里玩耍，而安吉幼儿园广袤的土地空间、丰富的纯生态资源，为孩子们尽情游戏提供了条件和土壤。为幼儿创造生态式教育，极其符合幼儿身心发展需求，安吉的幼教理念及目标与国际幼教倡导的先进理念不谋而合。

（来源：《"安吉游戏"：缘何风靡欧美》，《光明日报》2014 年 12 月 23 日）

 想一想

幼儿园物质环境创设应该考虑幼儿园自身条件，因地制宜，量力而行。幼儿园应该尽可能地有效利用各种已有的本土资源为幼儿园创造条件，使各种物质条件发挥更大的教育、教养作用，不一定要追求最先进、最昂贵的教学设备。

安吉幼儿园依靠的本土资源主要是当地的生态环境，除了生态资源之外，本土资源还包括特殊的地理位置、文化传统、名人遗址、历史建筑等。其他幼儿园，尤其是城市里的幼儿园，不能因为安吉幼儿园有特色就盲从，人工仿建自然环境。这样做一方面需耗费大量资金，另一方面也未必适合城市里的孩子。

每个幼儿园都应该充分挖掘和利用当地的现有资源，将优秀的、适合幼儿发展、符合自身教育理念的资源巧妙地融入幼儿园的物质环境中，走出一条建设富有个性、魅力、品位的园所环境的道路。园长可以想一想，检视一下自己的幼儿园，思考哪些资源还值得更深入地利用，哪些宝贵的资源被忽视和遗忘了。

（五）整合多方资源原则与实施途径

2001 年的《幼儿园教育指导纲要（试行）》在第一部分总则中指出，幼儿园应与家庭、社区密切合作，与小学相互衔接，综合利用各种教育资源，共同为幼儿的发展创造良好的条件。

幼儿园不能关起门来办教育，脱离幼儿园园外环境而进行园内封闭式的教育，成效毕竟有限。创设幼儿园物质环境不仅要考虑幼儿园的园内环境要素，也要重视园外环境的各要素，使两者有机结合，协同一致地对幼儿施加影响。幼儿

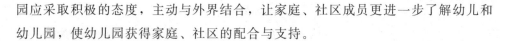

园应采取积极的态度，主动与外界结合，让家庭、社区成员更进一步了解幼儿和幼儿园，使幼儿园获得家庭、社区的配合与支持。

1. 让家长成为幼儿园环境创设的亲密合作伙伴

《幼儿园教育指导纲要（试行）》指出："家庭是幼儿园重要的合作伙伴，应本着尊重、平等、合作的原则，争取家长的理解、支持和主动参与，并积极支持、帮助家长提高教育能力。"充分利用家长的资源完善幼儿园的物质环境，是幼儿园有效教育资源的重要来源之一。

现实中，一些幼儿园教师抱怨布置给家长"任务"后，家长们有时会不乐意。分析其原因，主要有以下三点。

第一，教师不征询家长的意见，以命令、布置作业的态度给家长派任务。

第二，教师频繁地给家长下任务，使家长产生了抵触情绪。

第三，教师布置任务时，不根据家长的实际家庭情况，不考虑家长的文化背景、生活方式、职业状况等，使家长在完成任务时遇到困难。

如何才能让家长心甘情愿、积极主动地接受教师的"任务"，成为教师的亲密合作伙伴呢？可以试着从三方面进行。

第一，建立平等和谐、信任支持的伙伴关系，激发家长参与幼儿园物质环境创设的热情。

第二，挖掘家长的职业优势和个性魅力。

第三，鼓励家长带着幼儿和幼儿园物质环境相融合，有效地促进幼儿的发展。[①]

2. 联手社区丰富幼儿园的物质环境资源

社区学前教育是社区教育的范畴，在世界性社区教育发展的推动下，社区学前教育成为其发展的一个重要内容，并随着人们对早期教育重要性的认识而日益被重视。利用和挖掘社区物质环境资源将大大丰富和优化幼儿园的物质文化环境，打破幼儿园的诸多局限。

社区中可利用的物质资源包括自然景物和地理环境资源，以及社区结构布局和设施设备等方面的资源。自然景物和地理环境中的花草树木、日月星辰、山川田野、地况地貌、季节气候、名胜古迹等丰富的资源都是可供教育选择和利用

---

① 彭玲玲．让家长成为幼儿园环境创设的亲密合作伙伴[A]．江苏省教育学会 2006 年年会论文集（综合一专辑）[C]．江苏省教育学会，2006：5．

的。社区结构布局和设施设备中的区域规划，公共教育、宣传、文化、娱乐、休闲等场所和设施设备，如社区文化中心、儿童活动中心的选址、周边环境和内部的实施设备等，是社区学前教育必备的物质和环境条件。①

案例　借用社区景观公园办园庆

> 　　幼儿园和社区合作，可以改变以往幼儿园"关门办园"的封闭格局。挖掘社区资源开展活动，这不仅突破了幼儿园自身的场地限制，更为孩子们施展才华、自由探索创造了更大的舞台。
>
> 　　我园六十周年大型园庆活动就是借用社区公园"大观园"举办的。2015年是三教寺幼儿园建园60周年，本着"隆重、热烈、有序、节俭"的原则，我们来到西城区的大观园，热热闹闹地办起了60周年庆典活动。
>
> 　　我们充分利用大观园的场地资源，搭建了亲子小舞台，让每一个想要参与的小朋友都有机会登台。每个节目都由家长和小朋友自愿报名参加，自主编排。我们希望每个家庭都能充分展示自己，让庆典真正成为孩子们的盛会。
>
> 　　我们将园庆与传统的游园活动结合，活动当天，每个家庭都可以自由设计自己的小摊位，组织特色小活动。他们根据自己的爱好和特长，组织起传统的体育活动、拼图比赛、穿越时空照相馆、创意DIY等精彩活动。三教寺幼儿园小朋友的到来，为这个大观园增添了欢乐的气息，许多游客纷纷驻足观看我们的精彩节目，积极参与互动小游戏。大观园又重现了众人游园乐的场面。
>
> 　　60周年的园庆活动取得了非常好的互动效果，这得益于我们一贯遵循的"开放办园""联通资源和谐发展"的理念。幼儿园与大观园的合作，取到了很好的相辅相成、共同发展的效果。
>
> 　　　　　　　　　　　　　　（来源：北京市西城区三教寺幼儿园　　王岚）

 想一想

　　目前，国家对学前教育越来越重视，财政投入比例也不断增加。但是，总体而言，国家提供的经费还十分有限。想要保证和提升幼儿园的教育质量，就需要借助其他的力量。怎样在具有同样经济和物质基础条件的情况下，营造出效果更好的物质环境，这是幼儿园物质文化建设面临的一个重要挑战。作为园长，您是

---

①　颜晓燕. 社区学前教育资源整合与优化的探索［D］. 福建师范大学，2003.

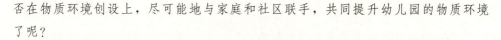

否在物质环境创设上，尽可能地与家庭和社区联手，共同提升幼儿园的物质环境了呢？

二、幼儿园户外环境建设的基本原则和实施途径

户外活动环境是幼儿园教育环境不可或缺的组成部分，对于幼儿身心的健康全面发展具有不可替代的作用。

幼儿在户外活动的过程中，除了能掌握基本运动技能，促进生长发育，适应外界环境之外，还包含着不可分割、互相关联的学习过程。例如，学会与同伴和成人的沟通与交往，培养快乐开朗、不怕挫折、愿意尝试的情绪情感和个性等。

（一）合理空间规划原则与实施途径

幼儿园户外环境由集体活动区、大型组合运动器械区、车道、沙水区、种植区等区域构成。幼儿园的户外环境应该根据园所的实际情况、本地区的气候特征等合理布局与规划，保证每个幼儿都有足够的活动空间，促进幼儿之间的互动。

1. 保证每位儿童有足够的活动面积

幼儿园要根据幼儿园招收的幼儿规模，留出充足的户外活动空间，使幼儿人均活动空间占比达到合理标准。有些幼儿园的户外空间远远不能满足较多幼儿同时进行活动的需求，只能按班级或年龄段轮流进行户外活动；有些不得不缩减孩子的户外活动时间，避免因同时活动人数过多而造成危险。

2. 根据幼儿园的实际情况，进行合理规划

要根据幼儿园户外活动环境的条件，合理利用户外活动环境的地形地貌和空间，科学设置不同区域，有效投放材料，使幼儿在规划良好的户外活动环境中安全快乐地游戏与发展。

3. 根据气候条件进行设计

如果没有适当的建筑设计，烈日、下雨等天气就会阻碍孩子的户外活动。为了让孩子有较多的时间进行户外活动，幼儿园应尽可能创造出最大的可供活动的机会。如果是较寒冷的地区，应该充分考虑气候因素，把活动场所放在建筑的南侧，最大限度地提供活动的频率。再比如，在多雨的地区可以利用经常下雨的特点，做一些透明屋顶的棚架，孩子们会对观察雨水落在棚架上抱有极大的兴趣。在干燥且太阳较烈的地方，可以结合自然的树丛营造户外环境。暂不具备这种条件的园所，也可以适当地考虑带顶棚的组合设施。这样无论是酷暑，还是下雨

天，都不会妨碍孩子们使用。①

(二)满足幼儿需求原则与实施途径

1. 提供丰富有趣的游戏活动

(1)不同的游戏类型

户外游戏不仅仅为幼儿提供锻炼身体的运动项目，也应该包括创造性的建构游戏、象征性游戏和有组织的规则性游戏等。

(2)动静结合

应支持和鼓励幼儿的社会性交往，允许幼儿进行不同性质的活动，做到动静结合。可以有消耗大量体力能量的激烈运动，如追逐、跑跳等；也可以进行安静的活动，如户外自由涂鸦等。

(3)适当的挑战与探索性

在保证安全的前提下，幼儿园可以通过创设富于变化、有一定挑战性和探索性的环境来为幼儿提供丰富多样的游戏经验，增加户外游戏活动环境的趣味性，满足幼儿运动和游戏的需要，激发幼儿的探索和想象。例如，为幼儿提供立体空间的户外环境。户外游戏活动环境不仅应该有平面的空间，还应当有垂直和立体的空间(如山坡、隧道)。幼儿园还可以把不同的器械和设备通过各种途径和方法连接起来，增加独立器械与设备的复杂性和趣味性，为不同年龄和能力的幼儿提供不同的选择。

2. 提供一定的私密空间

幼儿园的户外活动一般都是众多儿童在一起游玩，需要一个公共开放的活动空间。但是实际上，孩子们也需要有自己的私密空间，或是只能容纳 1～2 人的小空间。如果没有这些空间，孩子们往往会没有目标地来回走动，甚至有可能由于心情急躁而做出攻击性的动作。这些小空间可以由植物来围合，也可以采用低墙、花栏、藤架的组合。幼儿园还需要给那些想参加活动的孩子们提供一个观看或者观察的场所，在这些活动的旁边最好有座椅，使孩子们可以坐下来静静地看，慢慢地模仿，并且在适当的时间参与进去。

(三)适当绿化原则与实施途径

1. 不以成人审美为标准

幼儿园的环境是为幼儿创设的，环境创设要反映幼儿身心发展的需要与特

---

① 章俊华.幼儿园户外环境绿地[J].中国园林，2004，3：48-51.

点，而不应当仅仅从成人的眼光和欣赏标准出发去创设幼儿园的环境。例如，一些幼儿园为了建设"花园式幼儿园"，把原先平平整整的大块场地改造成了曲径通幽的通道，有花坛和喷泉和古色古香的亭子点缀其中。但是，花园式的幼儿园适合于成人休闲，符合成人的审美，并不适宜作为幼儿的户外活动场地。

2. 不可无，也不可过度

幼儿园户外的绿化应不妨碍幼儿户外活动，不剥夺幼儿户外活动空间。必须在保证幼儿的户外活动空间，满足幼儿奔跑、追逐的大块场地的前提下，来设计幼儿园的绿化。

三、幼儿园班级环境建设的基本原则和实施途径

（一）重视幼儿参与原则与实施途径

幼儿园物质环境不是给教师、家长、参观者欣赏的，而是为幼儿服务的。应该让幼儿主动参与物质环境创设，成为环境的主人，成就自信、自主、自尊的快乐幼儿。教师的角色更多是指引者和引路人，为幼儿提供材料，让幼儿参与环境布置和区域规划，帮助幼儿成为主导者。[1] 教育者要有让幼儿参与环境创设的意识，认识到幼儿园环境的教育性不仅蕴含于环境之中，而且蕴含于环境创设的过程中。以往，幼儿园环境创设常常较多由教师包办，即使有幼儿参与，也仅限于将幼儿的作品拿来作为环境的点缀。如果环境主要由教师创造，孩子就会没有参与的成就感，环境对于幼儿也就缺少持久的吸引力。教师应和幼儿一起设计、准备材料和制作，幼儿能想的让幼儿去想，幼儿能做的让幼儿去做。

（二）发挥育人功能原则与实施途径

《幼儿园教育指导纲要（试行）》指出，环境是幼儿重要的教育资源，应通过环境的创设和利用，有效地促进幼儿的发展。幼儿园是育人的地方，物质环境的创设和布置必须满足幼儿的发展需要，促进幼儿全面发展，丰富幼儿的知识和感官体验，启发幼儿的好奇心和求知欲，培养幼儿感受美、欣赏美、表现美的情绪和能力。

环境是孩子的"第三位老师"，有力量的环境能够发出无声的邀请，为幼儿提供更多的学习机会和可能性，充分调动幼儿参与游戏和活动的积极性，潜移默化地促进幼儿主动地学习与发展。

---

① 杨文. 当前幼儿园环境创设存在的问题及解决对策[J]. 学前教育研究，2011，7：64-66.

幼儿园的物质文化环境，大到整个园舍的布局、活动区的安排，小到一草一木，一件玩教具的选择，无不是幼儿园教育理念的体现，都是为了教育孩子而存在的。

因此，幼儿园在创设幼儿园的物质环境时，在空间的安排与结构设计、材料的选择与投放等方面必须根据幼儿园的教育理念和目标，有目的、有计划地进行。物质环境必须体现幼儿园自身所希望达到的教育意图，环境的最重要的功能之一就是"育人"，培养身心健康、全面发展的幼儿。

1. 活动区

活动区也称为活动角、游戏区或学习中心，是从幼儿的兴趣、需要以及身心发展水平出发，根据一定的教育目标而创设的游戏和学习环境。一个能促进幼儿学习与发展的活动区，必须在规划和设计、空间安排等方面有合理的设置。

（1）活动区的内容及数量

幼儿园应根据活动室的面积、幼儿人数以及教育活动的客观需要来设置活动区，决定活动区的数量。

一般来说，活动室可同时设立 4～6 个活动区。在空间有限的情况下，可以适当减少活动区的数量。幼儿是环境的主人，教师为幼儿在游戏中设置的区域，不可能完全满足幼儿的需求，应该留出一定的区域空间作为备用区，供幼儿选用。

（2）活动区的空间设置

不同的活动区域性质不同，对环境的要求也不同。例如，图书区、美工区需要安静的空间，角色区、娃娃家可以吵吵闹闹。幼儿园需要考虑各种活动之间的联系与区别，进行科学合理的空间安排与定位。

2. 玩具和游戏材料

玩具和游戏是幼儿活动的物质支柱。教师在为幼儿提供玩具和游戏材料时，既要考虑玩具和游戏材料的安全性、数量和种类的合理性、年龄和个体的适宜性，又需要考虑存放的位置和容器的特性，以及更新变化等问题。幼儿园必须做到以下五点。

第一，玩具和游戏材料要安全。

第二，玩具和游戏材料应数量多样，种类丰富。

第三，玩具和游戏材料要适宜，注意年龄和个体的适宜性。

第四，玩具和游戏材料需放在专门的玩具柜或玩具架上。

第五，玩具和游戏材料要不断更新。

3. 墙面环境

墙面环境是由教师和幼儿共同参与创设的墙面环境。主要包括：①与主题教育活动相适应的主题墙面；②位于各游戏活动区的背景墙；③位于饮水区、盥洗室、睡眠室、家长园地等区域的功能墙；④配合幼儿值日生的常规工作而设的常规性互动墙；⑤以装饰性为主的墙饰等。不同内容的墙面环境满足了幼儿园不同方面的教育需求。在墙面环境布置上，幼儿园需要做到以下六点。

第一，从幼儿的兴趣和经验出发，考虑幼儿的年龄特点。

第二，要适当留白，增加幼儿的参与程度。

第三，注重墙面环境布置的层次性。

第四，墙饰内容可以丰富多样，但必须有整体感。

第五，兼具教育性与美感。

第六，教师不要当墙面环境的"装修工"，时间投入要得当。

幼儿园的墙面布置渗透于室内的各处，墙面往往是参观者进入班级后视线最早驻足的地方，其布置能够一定程度体现幼儿园的教育品味和教育水准。好的墙面布置不是色彩越丰富越好，越密集越好，而是要符合幼儿的发展，能够配合幼儿的教学活动，具有一定的审美价值和教育意义。最好的墙面布置，是让幼儿参与到墙面的绘画和具体布置中来。

 **案例** 墙饰创设需要适当留白

实际工作中，无休止的墙饰创设工作是让幼儿园教师头痛的事情。近些年来，幼儿教师被冠上了"蜘蛛人"的称谓。"蜘蛛人"的形容虽然有些夸张，但有些教师只顾丰富墙饰环境，忽视儿童发展却是不争的事实。

开学初没多久，教学活动还没开展，墙壁却提早"揭秘"。教师们将所有对课程的设计、思路、想法一股脑罗列出来，贴在墙上假想幼儿已经完成了这样的学习。儿童存在显著的个体差异，每个儿童的学习兴趣、需要、方式、能力不尽相同。如果我们全部在开学初替儿童想好准备好、甚至展示出来，那么儿童真实的学习又在哪里呢？墙饰具有重要的教育价值，但是教师绝不能忽视孩子的需要和想法。为创设而创设，这样就会使墙面创设流于形式，失去了宝贵的教育价值。

为了避免教师在创设墙饰的路上走弯路，我园在开学初的教研中提出"墙壁可不可以留白？留白要留什么？丰富要丰富哪些地方？"的讨论。教师认为根据孩子的心理和年龄特点，开学初创设安全、秩序、温馨的环境是第一位的。

那么哪些环境可以让孩子感到安全、有序、温馨呢？

首先是做基础。毛巾架、水杯隔、衣柜、排队线等的使用标记是维持班级有序运行的基础环境，标识形象可以清楚地帮助幼儿顺利地完成任务。另外，家长园地也是开学初应建立的基础环境，可以建立家园交往与合作的直通车，有效增进家园间的相互了解。这样的环境当然要创设，不仅要创设还要认真思考怎样制作会便于幼儿、家长理解与接受，利于儿童的学习。

其次是重优先。哪些是刚开学的优先问题呢？帮助儿童建立对班级、对教师的安全感、归属感、信任感是教师应该优先考虑的问题。这些优先等级的问题，必须考虑清楚，配合相应的环境创设才能真正地解决问题。例如，每日活动环节的提示卡片可以帮助幼儿了解时间的长短，减少他们的焦虑；环境中展示的幼儿自己的照片、家庭成员的照片、物品可以帮助孩子们找到归属感；舒适的活动区、可爱的小帐篷、新奇的玩具可以吸引幼儿来园的兴趣……

总之，营造保基础、重优先的精神环境才能满足开学初孩子们最迫切的需要。在这个阶段，幼儿园的其他墙壁可以是空白的。随着活动的逐渐丰富，老师们在游戏中观察和了解到孩子们喜欢什么、关注什么、能做什么，墙壁也就一步步变成了孩子们的"第三位教师"。

墙壁的功能应该是默默地伴随孩子们的学习，适时地与孩子们呼应互动，最终成为儿童"丰满"的学习成果展示版。

（来源：北京市三义里第一幼儿园　刘晓颖）

想一想

不同内容的墙面环境满足的是不同的教育需求。幼儿园班级中的墙面环境随处可见，在设计和创设上需耗费教师大量的时间和精力。同时，与固定性的大型设备不同，墙饰环境需要跟随教育活动的推进不断进行调整与更新。毫不夸张地说，一些幼儿园的教师耗费大量的时间与"墙面"死磕，以至于没有足够的时间与孩子进行互动与交流，实在得不偿失。

华东师范大学姜勇教授研究"教师专业成长"多年，他认为幼儿教师不是"装修工"，需要被"解放"。他呼吁学校给予幼儿教师更多自主的时间。墙面环境的确具有珍贵的教育价值，但是教师的精力与时间有限，若将过多的时间用于此，教师就没有足够的时间用于真正的教学研究和反思，其创造的教育价值总和将大大降低。

　　作为园长的您，是否认为墙面环境牵扯了教师太多的精力呢？有没有适当倾听一下教师们的心声，了解他们对于墙面环境的感受呢？

第三章　幼儿园行为文化建设

第一节　对幼儿园行为文化的认识

行为文化是幼儿园在管理过程中产生的动态文化，是对幼儿园传统及价值观念的认同，是师幼言行举止上的具体可见的表现，是精神面貌、人际关系的动态体现，是幼儿园行为规范的综合反映。幼儿园行为文化是依靠全体教师和幼儿的参与和坚持、传承与发扬，将办园理念内化的过程，是幼儿园育人活动中最直接、最广泛、最深刻的部分。

交往与学习是幼儿园行为文化的两大重要组成部分，所以本书将幼儿园的行为文化分成幼儿园的交往行为文化和幼儿园的学习行为文化。

一、对幼儿园交往行为文化的认识

交往，在汉语语境中意指互相来往，是人与人之间的相互影响和相互作用，包括人与人之间直接或间接的接触，交际，交换或交流物品、劳动、信息、观念、情感等活动。

交往是人们生活与学习的基本形式。从人类社会发展的历史来看，人们的生活与学习离不开与他人的交往。追溯到原始社会，与家庭成员、氏族成员、长辈、巫师等人的交往是人们生活的重要部分。时至今日，虽然社会已经有了天翻地覆的发展与变化，但是，交往依然是人们重要的生活与学习的方式。而且，随着高科技的发展、世界一体化进程的加快，当代的社会已经成为全球化的交往社会。反过来，国际交往活动也在加速着世界一体化的进程，各种对话、交流、合作已经成为当代人存在和发展的普遍方式。幼儿园中的交往行为文化包括幼儿教师之间的交往行为、师幼之间的交往行为、幼儿园和幼儿家庭之间的交往（家园交往）行为等。

（一）对幼儿教师之间交往的认识

1. 含义

幼儿教师之间存在各种不同的人际关系组合，包括同班教师之间、同年龄班教师之间、不同年龄班教师之间等的交往。教师之间的良好交往可以帮助教师成长，促进心理情绪健康发展，收获愉快幸福的学习和工作生活。

2. 类型

（1）按是否在同一个班级划分

幼儿教师之间的交往可以分为同班教师和非同班教师之间的交往。班级是幼儿园的基本组成单位，与中小学不同，幼儿园里的同班教师一天中的大部分时间都同时出现在班级当中，不是轮流看管。

在幼儿园班级中，主班教师、配班教师以及保育教师这三种类型的教师承担着不同的教育任务。主、配班教师主要承担着教学活动、环境创设、班级管理、家长工作等职责。保育教师主要承担着班级卫生、幼儿生活等工作。主、配班教师和保育教师在年龄结构、专业、知识结构等方面存在很大的差异，这使得同一班级的教师可以相互学习，取长补短，共同为幼儿创造一个全面的教育环境。但同时，差异会导致交流和交往的障碍。所以说，一个班级里面主班、配班以及保育教师之间的交往尤为重要，他们之间和谐的交往是班级正常运作的保障。

为了给孩子创造一个稳定安全的心理环境，同一个班的教师一经搭班，就会形成长期的合作关系。一些合作愉快的教师甚至会形成稳定的团体模式，长年累月地搭班工作。因此，从交往频率和深入性角度来说，在幼儿园，同班教师之间的交往最为频繁，最为深入。

（2）按教师的年龄特征划分

第一，同龄教师之间的交往。

同龄教师之间的沟通较为容易，没有年龄的代沟，在价值观、生活方式等方面都比较一致，会有比较多的共同话题。不过，因为教师的年龄相仿，教龄也差不多，最容易产生工作上的竞争，比如在学习的机会、参与职称评选上都会形成竞争关系。

第二，资深教师与年轻教师之间的交往。

资深教师和年轻教师之间因为年龄上的差异，会存在一定的代沟；又由于各自生活的时代不同、接受的教育背景不同，他们从生活观念和教师理念上都有明显的差异。双方为了避免沟通上的不对接，往往会自然而然地减少交往，进而产生一定的心理距离。资深教师容易安于现状，对诸事都持保守做法。而年轻教师有激情，有想法，愿意接受新鲜事物和想法，敢于迎接挑战。

3. 基本特征

(1)幼儿教师以女性群体居多

在幼儿园以女教师为主的特殊环境中，女教师之间容易产生一定的"同性相斥"的交际问题。

(2)个体之间有显著差异

幼儿教师一般多才多艺，教师之间才艺优势不同，而且在带班能力水平、专业知识结构、教育风格上都差异明显。在一个教师团队中，每个成员都各有所长，但又各有所短。幼儿教师之间在知识、经验、思维方式等方面的差异性是其合作与分享的前提条件。只有通过合作和分享，教师之间才能够实现智慧上的交流与碰撞，共同发展和成长。

(3)同班教师间的长期交往

与中小学教师之间的交往相比，幼儿园里存在一种亲密的交往关系，那就是同班教师之间的交往。可以说，同一个班的教师，无时无刻不在进行交流和合作。同班教师之间的交往关系，对幼儿的成长有着潜移默化的影响。

4. 重要性

(1)从教师自身的发展角度考虑

第一，精神上释放压力，愉悦工作。

友好和谐的同事交往关系能够让教师在精神和心理上保持轻松和愉快。首先，众多研究表明，幼儿教师并非我们想象的一样整天带着孩子唱唱跳跳，工作简单而充满乐趣。他们也承受着诸多压力，人际关系也可能是他们的压力源之一。教师之间和谐交往，可以使教师获得心理上的满足，促使教师在愉悦的环境中完成教育教学活动。

第二，专业上相互帮助，共同促进。

友好和谐的同事关系可以使幼儿教师在工作能力或技能水平上得到促进和提高。资深教师有经验，年轻教师有活力，愿意吸收新理念，幼儿教师不同层次间的交流是其协作成长的途径。在一个和谐的关系中，幼儿教师之间可以畅所欲言，自由讨论，相互取长补短，开展良性竞争。同时，一个和谐的关系氛围能让教师从中获得积极的情绪、开阔的思路，使教师能够理智地看待问题，正确地分析问题，妥善地处理问题，提高工作效率。

第三，生活上，相互关心与照顾。

对于幼儿园教师来说，幼儿园不仅仅是工作的地方，同时也是学习和生活的地方，在幼儿教师之间也存在着生活上的相互关心与照顾。当生活上遇到困扰时，幼儿教师之间可以互相帮助与宽慰，在工作中找到归属感与安全感。

（2）从幼儿的发展角度考虑

一方面，教师之间的良好交往能够为幼儿间的交往树立榜样，促进幼儿的交往能力的发展。另一方面，教师之间积极地交往与合作，可以形成良好的工作氛围，更好地培养和教育幼儿。同时，良好的工作氛围可以为幼儿营造安全温馨的班级环境，让幼儿快乐健康地成长。

（3）从幼儿园整体质量的发展角度考虑

中国人讲究天时、地利、人和。"人和"是幼儿园整体竞争力的重要因素，教师之间有纠纷、有冲突可能会影响整个园所的正常运转。例如，班级教师之间有隔阂，在幼儿教育方面就容易出现问题；出了问题，家长就会问责，产生家园矛盾。人际关系就像多米诺骨牌一样，一旦有一张牌倾倒，就会全部倒塌。

（二）对师幼交往的认识

1. 含义

师幼交往，也称师幼互动，是指教师与幼儿间的互动。幼儿园的师幼互动行为发生在幼儿园内部，贯穿于幼儿一日生活活动中，是幼儿教师与幼儿之间相互作用、相互影响的行为及过程。师幼交往受幼儿教师本身的文化程度、教师所处的班级环境以及幼儿园的人文环境等多方面因素的影响。

2. 类型

（1）严厉型

在这类师幼交往过程中，教师缺少对幼儿的情感支持，通常比较冷漠，对待幼儿以批评、惩罚为主。这种类型的教师会给孩子带来一些心理障碍，特别是一些胆小内向的孩子可能会厌学，不愿意上幼儿园。

（2）灌输型

在这类师幼交往过程中，教师重视知识的传授，很少根据幼儿的实际情况调整教学目标。在教学中，这类教师讲得多，学生探索得少。这种类型的教师会影响孩子们创造性思维的自由发展。

(3)民主型

在这类师幼交往中，教师更重视幼儿的全面发展，并能充分理解与尊重幼儿的需要和兴趣。其实我国很早就提出德、智、体、美、劳全面发展，认为知识和能力都是同等重要的。这种类型的教师比较受孩子们喜欢，能够恩威并施。

3. 基本特征

(1)教育性

这是师幼关系中首要的特征。师幼互动贯穿幼儿园一日生活的各个环节，包括游戏活动、教学活动、生活活动等。从所担当的角色来看，教师以教育为目的，致力于促进幼儿学习，使幼儿在认知能力、行为能力、社会交往能力等方面实现全面发展。

(2)情感性

除了亲子交往，师幼交往是幼儿与成人交往的最重要的形式。理想的师幼交往是以情感交流为主线的。教师耐心热情地对待幼儿，有助于幼儿形成安全感和同一感。教师虽扮演着温和权威的服务者身份，但也有如同母亲一样的亲切感，所以只有爱孩子，设身处地地为孩子着想，才能让幼儿健康快乐地成长。也只有这样，孩子才会感受到来自教师的爱，从而利于他们养成自信、自尊、不怕苦难、敢于挑战的良好品质。

(3)双向性

师幼互动的实质是一种双向的人际交流，教师与幼儿都可以是发起者或接收者。无论哪一方先发起，对方都应有反馈。根据反馈信息，发起者再发起，反馈者再反馈，从而形成一种循环。但因为师幼人数比例的关系，师幼交往更多地是一个教师与多个幼儿之间的交往。在集体教育活动中，教师对幼儿发出的互动信号的敏感程度一般较低。相对而言，幼儿对教师发起的互动信号更为敏感。当幼儿的交往需求无法得到及时回应，幼儿与教师交往的积极性就会受挫，长此以往将不利于幼儿与教师之间的交往互动。

因此，教师在教学过程中既要保证与多个幼儿的交往，也要注意与个别儿童的有效互动，因材施教，根据学生们不同的性格和气质特点进行有效沟通。

(4)扩散性

师幼互动不仅会影响互动中的教师和幼儿，也会影响到其他在场的幼儿和教师，具有扩散性。尽管教师和一部分幼儿之间实际上并没有发生直接的互动，但教师与其他幼儿的互动，特别是由此而形成的班级整体互动氛围，同样会直接或间接地影响到这些幼儿与教师的互动。

4. 重要性

师幼关系蕴含着教学的因素，具有"教学关系"的特点。师幼关系不但影响着教学效果，也对幼儿的身心发展产生着极大的影响。

（1）良好的师幼交往对幼儿的学习发展发挥着重要作用

幼儿与教师不仅仅是受教育者和教育者的关系，还存在一种情感依赖的关系。教师不仅需要与幼儿有认知上的交流，更需要有情绪情感上的互动。教师的一言一行、一举一动都会对学生产生很大的影响，教师的一个微笑、一个拥抱会让幼儿感到温暖与受关注，从而获得心理上的安全感，促使自己更加专注地学习与发展。因此，良好的师幼交往是高质量教学的基础和前提。

（2）良好的师幼交往对儿童积极情感的发展有重要影响

师幼间的情感交流以及由此产生的心理氛围是促进师幼积极互动的有利条件。对于学龄前的幼儿来说，心理上的需求大于一切，健康的情绪情感发展至关重要。师幼交往中，教师应该真正走到幼儿中间，关注他们，这样才能使幼儿对教师产生亲近感，产生情感共振，减少幼儿的焦虑感和恐惧感，从而获得精神需要的满足，促进心理的健康发展。

（3）师幼交往能促进幼儿的社会性发展

研究表明，那些感受到教师高期望的幼儿更有可能具有高水平的自我意识，因为幼儿是特别容易受暗示的群体。所以，教师对幼儿的接受、关心、尊重和鼓励，有利于幼儿自尊心的发展和自信心的建立。

（4）师幼交往可以影响亲子、同伴交往

积极适宜的师幼交往对亲子交往，特别是对不安全的亲子依恋有一定的调节作用。研究发现，被教师喜欢，与教师建立起和谐亲密师幼关系的幼儿也更容易得到同伴的接纳。

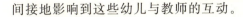
（三）对家园交往的认识

家庭是幼儿园重要的合作伙伴，良好的家园关系是幼儿园和家庭协调一致地对幼儿进行教育的基础与保障。家长作为幼儿教育的参与者和合作者，其重要性已经在世界范围内引起关注，在我国的政策文件中也已得到充分的体现

《幼儿园工作规程》指出，幼儿园应当主动与幼儿家庭沟通合作，为家长提供科学育儿宣传指导，帮助家长创设良好的家庭教育环境，共同担负教育幼儿的任务。《幼儿园教育指导纲要（试行）》也强调，家庭是幼儿园重要的合作伙伴。

可见，幼儿园争取家长的理解、支持和主动参与，建立家庭和幼儿园之间的友好合作关系，对于提升幼儿教育的质量尤为重要。从幼儿园对社会和家长方面的开放度上来看，有的幼儿园虽然有家长开放日，但是每学期只有一两次而已，仍需要进一步加强与家长的沟通。

1. 含义

在本书中，家园共育的侧重点是家长与教师之间的交往，指幼儿园和家长通过语言和非语言的形式进行的彼此传递信息、交流思想情感的行为，以达到互相理解、互相合作，最终实现促进幼儿成长的目标。[①]

2. 类型

(1)根据交往的频率

家园交往可以分为日常性交往和阶段性交往两种类型(见表3-1)。

日常性交往具有便捷、便利的特点，有些甚至可以天天进行，如每日的接送交流。这类交往的局限性是家长和教师双方了解的信息不够全面。

阶段性交往可使教师和家长详细准确地了解彼此的信息，并且具有持久性和可核实性，如家长开放日活动等。这类交往的局限性则是耗时耗力。

表3-1　日常性交往与阶段性交往

	优势	局限	具体类型
日常性	便捷、便利	信息不够全面	接送交流、家园练习册、电话和短信交流、家长园地、网络平台交流等
阶段性	详细准确地了解彼此的信息	耗时耗力	家长会、家长开放日活动、家访等

(2)根据借助的符号媒介

家园交往又可以分为语言交往和非语言交往(见表3-2)。

语言交往需要借助语言表达，具有直接、时效性强的特点。其局限性是受时空限制，并且交流内容有限，交流的主题容易偏移。

非语言交往能借助墙面环境、网络平台等媒介，具有不受时空限制、交流内容广泛、交流主题性强的特点。

[①] 袁文娣．幼儿教师与家长沟通的研究[D]．华中师范大学，2014.

表 3-2　语言交往与非语言交往

	优势	局限	具体类型
语言交往	直接、时效性强	交流内容有限，交流主题容易偏移	接送交流、家访、约谈、电话交流等
非语言交往	不受时空限制，交流内容广泛，目的性强	间接、时效性差	家园练习册、家长园地、网络平台交流、家长会等

（3）根据交往家长的人数

家园交往还可以分为集体交往和个别交往（见表 3-3）。

集体交往中家长参与的人数较多，具有高效、省时省力的特点，其局限是缺乏针对性。

个体交往一般指一个教师和一个家长进行交流，采用一对一的形式，针对性强。

一般来说，教师相对喜欢集体交往，这种方式可以保证交流沟通的效率。家长比较喜欢接送交流、家园练习册的交流方式，因为可以更多了解自己孩子的教育及发展情况。

表 3-3　集体交往与个体交往

	优势	局限	具体类型
集体交往	效率高，省时省力	缺乏个体针对性	家长会、家长开放日、家长园地、家长沙龙等
个体交往	针对性强	缺乏效率	约谈、家访、电话交流、接送交流、家园练习册等

3. 重要性

（1）从家长角度出发

第一，能使家长感受到幼儿教育的专业性，建立起对幼儿教师和幼儿园教育的正确认识。能促使家长积极配合教师和幼儿园的各项工作，实现合作双赢。

第二，通过与教师的交往，家长能更全面、更深刻地理解孩子的成长。

第三，家长能向幼儿教师学习正确的教育观点和方式，树立正确的教育观念，增强教育幼儿的自信心，丰富育儿经验。

（2）从教师角度出发

第一，通过与家长的有效交往，促进彼此的情感沟通，取得家长的信任和理解，建立合作的基础。

第二，更加全面了解家庭教育的情况，调整与家长的交往策略。

第三，从家长处获取儿童的发展信息，更加准确地理解和分析儿童的学习和发展情况，给予适宜的教学策略和方法。

第四，采纳家长提出的意见和建议，促进个人的专业成长与发展。

通过有效的家园交往，教师的专业能力不断提升，家长的育儿理念和育儿方法不断增强，教师与家长形成合力，能有力促进幼儿的成长。所以说，家园的交往与合作能够成就幼儿、成就教师和成就家长，实现"三赢"。

二、对幼儿园教师学习行为文化的认识

(一)含义

幼儿教师的学习行为指的是幼儿教师立足于所从事的教育教学工作而开展的，以专业发展为基本目标，不断使自己成为成熟的专业人员的各种认识和实践活动。

幼儿教师学习有两个基本特征：一是这种学习是幼儿教师有意识进行的；二是学习行为能促进幼儿教师的专业发展。

(二)类型

1. 从教师的主体性出发

幼儿教师学习可以分为被动学习和主动学习。幼儿教师学习的方式和途径丰富多样，有幼儿教师主动的自主学习，也有幼儿园组织安排的被动学习。尽管幼儿教师存在自主学习的情况，但是其自主学习也多由组织安排的学习引发，是为了完成组织学习中被安排的任务而自发进行的相关学习。幼儿园组织安排的培训学习是幼儿教师学习的常态，目前存在的情况是，教师会被安排的学习占用大量的时间，没有时间再进行自发的学习。因此，在实际的学习和专业成长中，幼儿教师的学习以幼儿园组织安排的培训学习为主。

幼儿园中常见且有效的组织安排学习类型有以下三种。

第一，专题培训，如新教师岗培、职称培训、园所的业务学习、政治学习等。教师通过对书刊的阅读、对同事的模仿、同事间的交流碰撞，专家的引领提升以及自己的实践反思来学习成长。

第二，师徒结对。幼儿园一般会将师傅与徒弟安排在同一个班级，因此师傅可以随时随地给予徒弟各方面的指导，徒弟也可以随时观察模仿师傅的行为。徒弟可以有针对性地请教师傅，师傅一般也会毫无保留地给予徒弟相应的指导。师徒结对是新教师成长过程中最有效的学习方式，一些已经胜任工作，甚至已经成长为成熟型的教师也认为师徒结对使自己受益匪浅。

第三，观摩研讨(包括教研组和专题培训中的观摩)。这是幼儿教师培训学习的常态，幼儿教师通过准备教学活动、观摩教学活动以及评议教学活动等过程获得成长，是幼儿教师普遍认为最有效的学习方式之一。而有专家参与的观摩研讨，因为专家在活动前的指导以及活动后的点评中均可以直指问题，给予教师建设性的建议以及相应的理论提升，所以深受幼儿教师的青睐。

2. 从学习的维度理论出发

学习维度论是由美国课程改革专家罗伯特·马扎诺提出的一种应用性教学原理。它包括五个分类指标体系，认为成人的学习包含五个维度，分别为：①态度与感受；②获取与整合知识；③扩展与精炼知识；④有意义地运用知识；⑤良好的思维习惯。

一切学习都发生于这五个维度的相互作用之中。因此除了专业知识的获取，幼儿园还必须将幼儿教师学习的情感态度纳入教师培训的考虑范围。同时，教师的思维训练、思考和反思的能力也必须得到重视。

除了上述两种分类形式，还有其他一些分类。例如，从学习资料的来源来说，教师可以通过书本、经验、研究过程、教学过程、网络来学习；从学习过程中是否从事教学来说，幼儿教师学习则可以分为在职自学、脱产学习、函授学习、进修学习(包括获得更高的文凭)、短期的培训；从学习的地点来说，则可以分为幼儿园园内学习和幼儿园园外学习。

(三)基本特征

1. 以问题为导向

幼儿教师的学习活动通常是由自己实践中所遇到的问题所引发的，意在通过学习的方式来解决教育实践中的实际问题。当问题解决后，学习活动一般就不再继续深入下去了。后续的学习活动，会根据新的问题另外展开。相较于中小学教师，幼儿教师的学习更重视实践，缺乏系统性和连续性。

2. 注重实用性

幼儿园教师重视即学即用，追求立竿见影的学习效果。因为，教师在平时工作中所遇到的问题能否得到有效解决，直接关系到教育教学能否得以顺利地开展。在这里，"情境性知识"比"书本上的抽象知识"更受欢迎。[①]

---

① 吴振东．略论幼儿教师学习的基本特征及其价值[J]．天津师范大学学报(基础教版)，2007，3：34-37．

(四)重要性

中小学教师是分科教学,幼儿教师则要促进幼儿的全面学习与发展。与中小学教师相比,学校对幼儿教师在通识性知识方面的要求更高。因此,幼儿教师更需要不断学习与成长。幼儿教师只有不断扩充自己的知识源泉,不断学习,不断提高专业水平,才能有效地指导幼儿的学习,引领幼儿的全面成长。

1. 适应当今时代的发展

当今社会,瞬息万变。为了很好地适应社会变化,人们开始在世界范围内重视并提倡终身学习。终身学习也就是我们常说的"活到老,学到老"。幼儿园是促进幼儿身心健康和谐发展的重要场所,幼儿教师工作中最重要的是对幼儿进行启蒙教育,促进幼儿在一日生活中愉快地学习与适宜地发展,激发幼儿对学习的兴趣和探究的欲望。可以说,幼儿教师的大部分工作都是围绕"学习"展开的,"学习"也是幼儿教师胜任教育专业工作的前提条件。在学习化社会的大背景下,幼儿教师的持续学习也为幼儿的终身学习做出了榜样示范,为幼儿的终身学习奠定了良好的基础。[①]

2. 促进幼儿的全面发展

著名教育专家叶澜曾指出:"在学校中,没有教师的发展,难有学生的发展。"相较于中小学的学生,学前阶段的孩子对教师的依赖性更重,孩子将教师作为重要的模仿、学习和相处对象。教育心理学的研究揭示,年龄越小的儿童,向师性越强。伟大的儿童教育家蒙台梭利认为,儿童具有吸收性的心智,可塑性强,教师的任何言行举止都可能在无意间潜在地影响到幼儿方方面面的发展。因此,幼儿教师是幼儿发展极其重要的引路人。幼儿教师要想当好幼儿的引路人,就需要不断学习,通过有效的学习提升专业水平,为幼儿提供优质的教育,促进幼儿的身心和谐健康地向前发展。

3. 提升职业幸福感

如果幼儿教师仅仅将自己的工作当作谋生的工具,就会很容易产生职业倦怠,丧失职业幸福感。教师职业本身并不必然能给教师带来幸福,教师对职业幸福的体验有赖于对自己对职业的认同、在专业上的不断成长与起步。同时,教师的学习不仅仅是专业上的打磨,更是精神上的丰富。除了专业上的学习,教师还

---

① 沈芳雁. 幼儿教师学习研究——期待与现状[D]. 南京师范大学,2012.

应通过阅读文学作品等方式，滋润自己的精神世界。所以，能否获得幸福体验，关键是看教师对自己职业的认识和对自己心态的调适。

第二节　行为文化建设的基本原则和实施途径

一、教师之间交往的基本原则和实施途径

（一）和谐相处原则与实施途径

幼儿教师是创造幼儿园文化的中间力量，他们之间的人际文化会时刻影响幼儿园文化的发展。一所幼儿园如果形成了和谐的人际文化，它就会像润滑剂一样使幼儿园的各项工作更加有序顺利地开展。相反，一所幼儿园物质环境再好，教师团队专业水平再高，若教师之间的人际关系不和谐，教师间的交往不顺畅，也会影响幼儿园正常工作的运转。

幼儿教师良好的人际关系的形成，对教师工作和学习积极性的调动、教师健康心态的形成、幼儿园教育教学质量的提高和学校组织的巩固和发展都意义重大。

那么，要如何实现幼儿教师之间的和谐相处呢？

1. 鼓励教师互相欣赏优点，包容缺点

"一言之美，贵于千金。"每个人都喜欢得到别人的肯定和赞美。赞美是工作和生活中的调味剂，一句由衷的赞美或一句得体的建议，会使同事感觉到被重视，无形中增加对赞美者的好感，同事间的关系也会更加融洽。当同事有真正好的表现时，幼儿教师要给予赞美而非产生嫉妒。

要谨记，赞美时应该注意语气和态度。赞美如果缺乏真诚的态度与和善的语气，很容易让同事觉得这是话中带刺，进而产生反感。当幼儿教师试着用欣赏的态度去面对他人时，一定会得到奇妙的回应。欣赏别人，更多的时候就是要学会为别人的优点喝彩。

除了欣赏，幼儿教师同时要学会包容，包容和欣赏互为姐妹。因为幼儿园的工作特点，幼儿园教师基本上都是女性，相互之间的包容与欣赏尤为重要。如果一个教师无法包容幼儿园其他人员的性格和行为，他就难以走进别人的心灵。要知道，包容是一种风度，更是一种境界。

2. 真诚交流，建立信任关系

在人际相处过程中，难免出现一些误解和矛盾，交往是消除误解、解决矛盾

的最好办法。人与人不及时进行沟通交往，就容易引发猜忌。如果我们用一颗豁达、乐观、真诚的心与他人相处，会更容易建立同事情谊，达成共识。

人们都愿意与真诚坦率的人相处，这种真实的表现里，有优点也有缺点，有优势也有弱势。幼儿教师在与同事交往时，有时会出于某些原因伪装自己，这往往会阻碍正常的交往。其实，在你向别人袒露自己的缺点，呈现出弱势时，反而可能会拉近彼此的距离，因为这里面包含了你对他人的真诚。

教师之间的感情越深，关系越好，专业学习和情感上的分享行为就越频繁。幼儿教师不用再担心自己一些不够成熟、见解不深或是另类的观点被嘲笑或被批判，心理安全感会更强。

（二）合作分享原则与实施途径

幼儿教师合作是促进幼儿教师专业成长和提升幼儿园教学质量的重要途径。所谓教师合作，指由两位或者更多教师和研究者为了达到共同目标而一起工作，共同发现、探讨、解决所遇到的问题，分享经验和想法，发展并形成新的技能。幼儿教师通过合作，利用教师群体的资源差异，可以实现优势互补。这种合作有利于建设开放和谐的幼儿园文化，加速新教师的成长和专业化，提高幼儿园的教育教学质量。

教师合作的主要内容为合作教学、合作研究、合作学习，包括以下途径。

1. 增加教师交流机会

幼儿园教师在日常工作中如果缺乏往来，就会产生疏离。因此，幼儿教师应多参加一些集体活动，增进同事对自己的了解，努力与大家打成一片。例如，见到同事要常打招呼，交流工作，聊聊生活，这样易于建立良好的人际关系。

教师之间的交流机会主要包括两大方面。一方面是专业学习上的交流与探讨。在幼儿园团队中，每个成员都各有所长，也各有所短。他们有的善于组织活动，有的善于创设环境，有的善于与人交往，有的善于拉弹唱说。只有通过交往与合作，不同知识结构、认识风格的教师才能互相取长补短，实现思维智慧上的交流与碰撞。幼儿园要为教师营造合作的氛围，搭建合作的平台，提供合作的机会，实现教师团队的专业成长和精神成长。

另一方面是生活与工作情绪方面的倾诉与交流。因为从事同样的工作，幼儿教师之间有着共同的话题，如工作的困扰、对幼儿问题与行为的分析与探讨、家庭生活的压力等。比起不同职业的交流对象，幼儿教师之间的沟通会更有共鸣。

目前幼儿教师的现实状况是，即使是同一个班级的教师，也可能会因为工作任务的繁重而根本没有时间与其他教师交流沟通。特别是主班教师与配班教师，他们承担着大量的教学、科研任务，还要准备环境和材料，以及完成大量的文字工作。此时，园长就要酌情减轻幼儿教师的工作任务，为他们创造沟通的机会，建立教师之间情感的联结与信任。例如，幼儿园可以组织各种形式的学习讨论会、座谈会等，为幼儿教师提供相互了解、分享、学习的机会；也可以利用各种节假，组织教师外出参加各种体育活动，这样不仅有助于锻炼身体，减轻压力，还可以在活动中通过相互支持与鼓励来增强教师的团队合作精神。

案例　社团活动拉近教师间的距离

> 园长为增加园内教师之间的互动和交流，增进教师情感，精心开展了四类社团活动，分别为茶艺社、厨艺社、摄影社和舞蹈社。其中每个社团都各有特色，散发着独特光芒。教师根据自己的兴趣、性格、爱好选择社团，多姿多彩的社团活动让每一名教职工从繁忙的工作中暂时解脱出来，愉快地融入社团，享受与同事相处的快乐。因此，社团活动一致获得了广大教职工的认同与肯定。

> ### 茶艺社团：修身养性，陶冶情操

> 茶道艺社的活动不仅帮助每位教师了解茶道这门既古老又现代的艺术，还有助于教师修身养性，陶冶情操。除此之外，教师在学习茶艺过程中也悟出了一定的教育真谛。

> "茶道"是一种以茶为媒的生活礼仪，能够助人修身养性。它通过沏茶、赏茶、饮茶来增进人们的友谊，启迪人们美心修德，学习礼法，是很有益的一种美的仪式。

> 我园请来了曾在北京老字号茶店吴裕泰工作过的张老师，张老师分别为大家介绍了不同茶叶的品种和特点，幼儿教师也学会了如何分辨茶叶种类。同时，张老师精心为每一名组员准备了茶具，讲解了茶具的名称和用途，提醒教师们不同茶叶种类需要不同的冲泡温度和冲泡条件，更教会了大家如何品茶。

> 在学习茶艺的过程中，我园教师深刻体会到了泡茶和教育有共通之处，即因茶施道和因材施教。教师也因品茶联想到每个孩子都像一种茶，都有自己独特的味道，教师应该去细细品味。

舞蹈社团：体验快乐与自信，凝聚团队力量

舞蹈可以帮助幼儿教师强身健体，修身塑形，又可以让教师拜师结友，切磋交流，展示才艺，完善自我。参与我园舞蹈社团的所有教师，用心学习，互相交流，付出了汗水与努力，收获了无比的快乐和自信，焕发出神采奕奕的精神面貌。我园舞蹈社编排过的一系列儿童舞蹈作品，获得同行和领导的一致好评，也曾多次代表我区教师参加舞蹈表演活动。

回想当初为排练一支又一支的舞蹈，教师们付出了多少艰苦和努力啊。参加社团的教师只有少数几位有较扎实的舞蹈功底，所以学会一支群体舞需要全体队员的积极参与和团队配合。舞蹈基础好的教师负责带领其他队员，队员与队员之间也需要经常切磋交流。舞蹈的排练从最基本的舞蹈队形开始，然后细化到具体的动作把握、形体的表现，最后到服饰的选择和搭配。每一个环节都需要教师的用心投入，才能最终化作一支完美的舞蹈。

摄影社团：增进情感，记录活动和精彩瞬间

社团成立之初，我们邀请了经验丰富的摄影师协会老师讲解摄影的基础知识。例如，什么是焦点、焦距？如何对焦？摄影的构图要素有哪些？该拍什么？如何提升拍摄技巧？等等。幼儿教师们听得聚精会神，为今后的实践拍摄打下了良好的基础。

大家利用周末闲暇时间组织郊区采风。郊区远离城市喧嚣，自然景观优美，适合教师们以放松的心情拿起相机，用不同的角度捕捉镜头，留下令自己满意的照片。拍摄结束后，教师们可以围坐一起互相交流，举行聚餐。这样的社团活动不仅锻炼了教师们的拍摄技术，也促进了教师之间的交流和情感，放松了心情，为教师更好地投入工作充电加油。

园里的任何活动都离不开摄影社团，教师联欢会、教师培训、拓展活动、节日园庆等，每一次活动都需要摄影社团的教师用镜头去记录，抓住每一个精彩瞬间。

厨艺社团：养生健体，舌尖上的享受

厨艺社团会根据季节特点和保健需求，定期推出烹饪学习菜单。例如，在冬季，社团会推出适宜冬季进补的南瓜羹，让教师在享受舌尖上的美味的同时，养生进补，调理出健康的体魄。

在每次烹饪活动之前，卫生保健教师都会做好消毒和卫生工作。园里的大厨负责美食制作过程和重点经验的总结，然后在教师实际操作的过程中给予有

针对性的指导。每次烹饪完成，烹饪的成果都会被分发给全体教师，让大家一起品尝，然后在轻松愉快的氛围进行点评，给平日里辛苦工作的教师松松绑，使他们获得舌尖上的享受。

（来源：北京市西城区三教寺幼儿园　王晨、魏天骄）

2. 慎用评比，不用一把尺子衡量

各式评比的初衷是为了激励教师们在工作岗位上做出更多的成绩，取得更大的进步。但殊不知，若运用不当会引起嫉妒，造成教师之间的恶性竞争。女性群体对此又显得格外敏感，很可能会破坏教师之间的和谐关系。为此，幼儿园在制定评比标准时，应多考虑以群体的形式展开，比如以班级为单位展开，尽量避免个人之间的评比。在对个人进行评比时，要从多维度考查，防止一刀切，引导教师之间进行良性竞争。[①]

二、师幼交往的基本原则和实施途径

（一）尊重幼儿原则与实施途径

爱是教育的根基，没有爱就没有教育。关爱幼儿，尊重每个幼儿是幼儿园教师必须遵守的职业底线。作为教育工作者，我们应该把爱孩子放在第一位，放在教育专业与能力之上。一位仅有教育技能而没有仁爱之心的人，是没有资格从事教师这一伟大职业的。幼儿教师要关注学生每个个体，关爱幼儿，善于捕捉孩子的情感变化，走进孩子的内心世界，让孩子生活在充满爱的环境中。

幼儿的发展是一个持续渐进的过程，同时也表现出一定的阶段性特征。幼儿教师要充分理解和接纳幼儿发展进程中的差异，全方位地接纳儿童在能力、行为、情感、爱好、性格、气质等方面的独特表现，切忌用同一个标准、同一把尺子要求每个幼儿。幼儿教师应根据每个幼儿的特点，因材施教，努力为每一个幼儿创造从容成长的环境。

1. 接纳幼儿的年龄特点

一方面，教师与幼儿之间的认识能力、智力水平是不对等的。幼儿因为年龄小，生理、心理发展水平受限，无论是在认知、情感、行为上，还是社会性等方

---

① 朱玉．以班级为单位的幼儿教师群体关系研究[D].南京师范大学，2012.

面，都处在不成熟的阶段，时常会做出一些成人看来很幼稚的举动。对于儿童的幼稚行为，在理想的师幼交往中，教师应予以理解和接纳，而不是以成人的智力优势取笑幼儿。

2. 鼓励幼儿大胆尝试，接受幼儿的错误

"给孩子尝试的机会，孩子不一定都能成功，但剥夺了孩子尝试的机会，他们将永远不会成功。"这句话非常准确地阐明了尝试对于孩子的重要性。儿童在进行探索时可能会遇到各种挫折和失败，这时教师应鼓励与支持儿童继续探究与思考。教师的耐心和宽容会为儿童的自主探索与发展提供支持。

学龄前的儿童往往缺乏是非观念、责任意识和自我控制的能力。当幼儿的行为出现偏差的时候，往往要经历一个认错、知错、改错的过程。在这个过程中，幼儿教师扮演着一个引导者的角色。幼儿教师要正确看待幼儿所犯的错误，帮助幼儿发现自己的错误，并且鼓励幼儿改正错误，避免使用责骂、逼迫、体罚等粗暴简单的教育方式。幼儿如果受到教师的批评、指责远远多于鼓励、表扬，他们学习情绪、自尊和自信都会受到损害，长期发展下去会对孩子的成长带来巨大的不利影响。面对儿童的行为过错，教师不能让冲动的不良情绪占了上风，要告诫自己一定要理智面对。教师始终要尊重幼儿，以民主、平等、充满爱心的态度，认真指导和教育每个幼儿。如果缺少和谐良好的师幼关系，即使教育活动再丰富，形式再新颖，也都不能够算得上是成功的幼儿教育。

3. 重视教师情绪管理

教师是幼儿学习的榜样，教师的言行举止、仪表穿戴都会受到幼儿的关注。教师良好的个性修养也会潜移默化地对幼儿产生积极的影响。同时，教师注重修养，情绪稳定，处理事情耐心和细心也有利于保教工作的顺利展开。

师幼关系是以情感交流为基础和动力的，可以说情感关系贯穿整个师幼交往过程，渗透于一切师幼关系中。幼儿对教师的依恋关系是幼儿适应幼儿园生活并产生好奇心、学习兴趣及探索行为的前提条件，也是幼儿自尊心和安全感的重要来源。如果幼儿不能产生这种依恋感，就可能产生畏惧、提防心理，心情焦虑，无心活动。幼儿教师应注意自己的情绪对幼儿情感体验的影响，并及时调整工作方式，对幼儿采取积极的支持性措施，尽可能使幼儿感到愉快，以形成和谐的师幼关系。

幼儿园现在都非常关注幼儿的心理健康，却一定程度上忽视了教师的心理健康。管理者错误地以为提高教职员工的奖金、福利待遇，就会提高他们的满意度

和工作积极性，但实际上往往并没有获得预想的效果。现代心理学理论认为，良好的人际关系和舒适的工作环境是人们从事生产劳动的基本需求，同时可以促使员工更好地完成工作目标。幼儿教师的工作是一项高情绪劳动的工作，幼儿园管理者应该清楚地认识到，在幼儿园的实际工作中，教师在这些方面的需求更加值得关注。尊重教师的心理诉求，引导教师正确面对工作压力，培养教师情绪的自我管理能力，也是幼儿园管理者的重要职责。事实证明，幼儿园不仅要关心教职员工们的物质需求，更应把注意力放在教师的精神生活上，疏导他们的心理压力，引导他们合理宣泄情绪，使幼儿园管理向着更加人性化、科学化、民主化的方向发展。[①]

（二）关注幼儿个体差异原则与实施途径

1. 接纳幼儿的不同个性特征

每一个孩子都是独特的花朵，有的一开始就灿烂绽放，有的需要漫长的等待。儿童的个性特征、气质类型各具特色，不同的幼儿表现出明显的差异。教师不能因为个人对气质类型的偏好，就对幼儿区别对待。

在理想的师幼交往中，教师不会粗暴地拒绝幼儿，而是张开双臂，接纳具有不同个性色彩的儿童。因为只有这样，教师才能看到真实、丰富、生动的儿童世界，才能更加理解儿童。

2. 鼓励幼儿表达不同观点

幼儿具有丰富的想象力，他们的思维没有条条框框的限制，对事物的看法有时候会完全超出成人的预设。有时儿童的看法未必正确，但教师不应一味否定他们，而是要允许他们自由大胆地表达自己的见解。教师应该能够接纳儿童的不同观点，支持与鼓励儿童自由表达。不能因为孩子的回答天马行空，不是教师希望得到的观点就轻易将其否定。任何一种观点都应该得到尊重，表达是孩子最重要的权利。

3. 敏锐地发现幼儿的不同需求与变化

作为幼儿园教师，我们需要善于发现与观察，将孩子的一举一动、一言一语都尽收眼底。学前教育阶段的幼儿年龄小，不能用语言充分地表达自己的想法与需求，因此教师需要关注孩子的行为，主动与孩子进行沟通与交流，确认孩子的

---

① 周宝华. 幼儿教师情绪管理的有效途径［J］. 现代教育科学（小学教师），2013，6：56.

想法，然后提供有效的问题解决策略。

案例　爸爸出差了

　　早上 8 点左右，大多数孩子已经来到了幼儿园。珊珊仍旧像往常一样在盥洗室一个人哭着不肯吃早饭。脆弱爱哭的雪儿，因为不舍得爸爸离开而红着眼睛抹眼泪。向来不哭的小语，今天却哭得很伤心，吃早饭的时候也一直情绪低落。

　　等到大部分孩子吃完早饭，我就把孩子们领到对面睡眠室的空地上，请孩子们围圈坐下来进行晨间谈话。我注意到小语眼眶发红，还在伤心抽泣。于是，我招呼小语来我这儿，让他坐在我的腿上。

　　"小语，怎么了"？我抚着他的背，轻声问他。

　　"爸爸要出差一星期，我要好久不能见他了。"小语说完，嘴唇抖动，伤心的情绪又涌上来了。

　　怪不得小语这么伤心，原来是舍不得爸爸出差啊！

　　"爸爸出差，你不能当面见他，所以你很伤心。不过我们还是可以用其他方式联系他的。"我宽慰小语。

　　听到我和小语的对话，其他小朋友也你一句我一句地说开了。许多孩子告诉我，他们的爸爸妈妈也出过差。

　　坤坤告诉我，他和妈妈也一起出过差（实际情况应该是他跟着妈妈一起出去旅游）。显然，孩子对出差的理解是存在偏差的。在坤坤看来，只要坐飞机或者火车到另外一个比较远的地方就是出差。

　　看到孩子们对当前的话题比较感兴趣，我就顺势问孩子们："小语的爸爸出差了，他很想爸爸。请你们帮小语想一想有什么办法可以联系他的爸爸呢？"

　　"可以打电话！"

　　"发短信！"

　　"发微信！"

　　"视频聊天！"

　　孩子们很踊跃地举手，一个个很快地想出了可以联系出差的爸爸的方式。

　　听着孩子们的回答，我内心感叹，现代通信技术真是打破了地域的限制，将人与人的距离缩短了。但是传统的写信方式，用纸笔表达感情与思念的方式，几乎已经被所有人遗忘了。

听完孩子们的回答后，我转向小语，问他想用什么方式跟爸爸联系。他这时已经停止了抽泣，很开心地告诉我他会跟爸爸视频。

在小朋友的共同关注下，小语终于从伤心中走了出来，重新变成一个爱笑的阳光灿烂的小男孩了。

（来源：北京市西城区三教寺幼儿园　茅晓燕）

想一想

一个人若是身体健康而情感冷漠，其实是不健全的。幼儿园要注重培养孩子的知识和技能，更要重视培养孩子的情感和态度。当案例中的孩子小语表现出与平时不一样的情绪态度时，老师特别敏感，迅速地捕捉到了小语的异常。观察与了解幼儿是走进幼儿内心，敏锐发现幼儿需求与变化的关键一步，也是体现幼儿园教师专业能力的重要方面。

三、家园交往的基本原则和实施途径

（一）平等相处原则与实施途径

对于有着不同社会背景、生活经验和文化的家庭，教师应一视同仁，不能因为经济收入、职业的不同而区别对待。教师对处于较低社会经济地位家庭的消极态度，会阻碍家园交往的顺利进行。

同时，教师也不能因为自己受过专业训练，教育经验丰富，就在家长面前表现出专业优越性，对家长的做法直接进行批评与指责。的确，幼儿教师在教育孩子方面，比家长有着更多的学前教育知识和技能。但一般来说，教师比较了解群体儿童的特征，而家长更了解个体儿童的特征。对于个别儿童，教师必须借助家长的力量，全方面地进行了解。

教师与家长之间只有架起平等交流的桥梁，才能为家园交往与合作奠定坚实的基础。

1. 鼓励换位思考，互相理解

教师要了解家长的需要，充分体谅家长。教师在日常工作中，应该能够理解家长爱子心切、望子成龙、望女成凤的心情。对家长对自己教育工作所提出的意见与建议，正确的意见教师应虚心地听取，存在分歧的应通过沟通尽量达成共识。只有做到了换位思考，教师才会理解家长，拉近与家长的心理距离；家长只

有感受到教师的理解，才会更乐意与幼儿园合作，才能够以更加认真负责的态度对待幼儿园的事务，与幼儿园建立相互信任、尊重和支持的情感桥梁，从而提高参与的质量。

要想增进教师与家长的相互理解，幼儿教师需向家长展示工作，让家长了解教师的工作内容、工作方法和工作能力等，这样家长才能多站在教师的角度考虑问题，由此带来的对教师工作的肯定也会使教师感受到成就感，从而利于形成教师与家长的良性互动。教师也要尽可能了解其家长，在各种活动中观察家长的言行，了解其性格、教育观念和方法。使家长感受到被理解、被重视，同样利于密切家长与教师的相互关系，增进沟通。

2. 满足不同家长的需求

家园交往有面向全体家长的交往方式，也有面向部分家长的交往方式，还有针对个别家长的交往方式，有共性的问题，更有个性的问题。孩子的个性不同，家长所面对的情况也各不相同，教师与家长的交往要针对每个家长教育上存在的不同问题进行。换句话说，就是要尽可能地为家长和幼儿量身定做最适合他们需要的教育方案，这样更能提高家长的认可度。

3. 谨慎谈论幼儿的不足

教师需要真实地向家长交流孩子的学习和发展近况。当幼儿教师发现幼儿存在某些能力方面的欠缺时，就应该及时让家长知道，抓住教育的最佳时期，提升幼儿的发展。听到孩子的不足对家长来说的确是不愉快的事情，但是幼儿教师如果报喜不报忧，不让家长了解幼儿发展的真实情况，对幼儿和家长都是不负责任的行为。在跟家长沟通时，教师掌握一定的技巧可以有效缓冲家长的不愉快情绪。例如，先谈论幼儿的进步，再委婉地提出幼儿的不足；在表述时情绪要平静，客观评价，不带个人的主观感受；最好能向家长提出中肯、可实施的建议与策略。

幼儿教师要通过有技巧的表达，让家长感受到教师是在发自内心地关心孩子，并且欣然接受，愿意与教师一起帮助孩子成长。

(二) 互动合作原则与实施途径

"互动"不是单向的教师对家长或家长对教师的交流与合作，而是教师与家长之间双向的充分的交流与合作。教师和家长既是信息的发送者，也都是信息的接收者。

"合作"指双方以幼儿的利益和发展为共同出发点，坦诚并心怀信任地进行和谐合作的交往。

1. 培养幼儿教师的积极态度

随着近年来家园合作的不断开展，家园合作的价值正在不断地被认识到。如今，每所幼儿园都不同程度地开展着家园合作。但是，其中也不乏对家园合作持冷漠态度的教师和家长。教师认为家园合作增加了自己的工作量，只是为了应付领导而不得不开展，以消极的态度对待家园合作。 些家长也以工作忙为由，不配合家园合作工作。

在家园合作过程中，如果只是某 方积极组织，另 方消极跟随，那么合作的效果肯定大打折扣。家长和教师都是家园合作中的主体，一方并不是另一方的引导者。

2. 目标一致，合力合作

教师与家长要一致行动，向幼儿提出同样的要求，在教育目的、过程还有手段上不要发生分歧。目标明确一致是家园合作不可或缺的要素。希望孩子得到什么样的成长与发展，不是教师单方面的目标，这种目标要得到家长的认可和支持。要改善幼儿的某些方面，要达成幼儿教育的某种目标，要解决家庭教育的某种现状，家长与教师就应该形成一个联合体，向同一个方向努力。同时，建立在一个共同目标的指引下的合作会取得事半功倍的效果。

3. 加强教师的沟通技能

与组织一日活动、设计和实施教育活动一样，沟通与合作能力也是幼儿教师专业能力的重要组成部分。沟通是一门艺术，也是一项技能。沟通技巧对家园的交往效果有着重要的影响。幼儿教师在工作过程中，应通过向同事学习经验、不断积累经验以及阅读相关书籍等方式学习掌握沟通技巧。其实，不管是与家长交往，与同事交往，还是与幼儿互动，幼儿教师都需要一定的沟通技能。

教师掌握一定的交往技巧是进行有效交往的必要保证。马卡连柯就曾主张在各类师范院校里进行谈话技巧的训练。他认为，师范学生不仅应当练习怎样和学生谈话，同时还要练习怎么和家长进行谈话。教师可以通过有意识的阅读，来提高这方面的水平。教师的沟通技能可以通过以下几个方法进行提升。

（1）积极倾听

听和倾听不一样，听是单纯、被动的，而倾听是积极主动地搜寻对方的信息。倾听是建立或保持交往双方的关系的一项基本技能。不懂得倾听是危险的，教师会不自觉地错过重要的信息，也不可能对即将发生的问题有所预见。除了获取信息，倾听同样是尊重他人的表现，是理解他人如何感受、如何看待世界的一种承诺。通过倾听的姿态，教师将自己的偏见和信念搁置一边，从而设身处地地看待家长和幼儿的问题。一些心理观察显示，人们喜欢善听者甚于善说者，积极倾听可以加深交往双方的感情。

（2）适时反馈

交往的很多问题是由误解或信息不准确造成的。为了核实和检查交往是否达到了预期的效果，往往需要随时将接受过程的好坏转达给信息发送者。反馈能帮助人们了解信息传递是否有效，也是接受对方发送信息的过程。做出反馈时应遵循三条重要准则，即及时、诚实和婉转。教师如果在交往过程中经常及时、诚实和婉转地反馈信息，则会使家长了解教师的意图，准确接受来自教师的信息。同时，家长也会被感染，从而准确地将反馈技能运用到与教师的交往中。①

（3）积极看待幼儿

教师的主要任务就是教育和发展幼儿。无论幼儿存在何种缺点，教师都要以积极的态度帮助家长解决幼儿的问题，同时肯定幼儿的优点。教师不要吝惜对幼儿赞美与期望，哪怕是一句微不足道的称赞，都会让家长感到高兴。同时，这种肯定能使家长轻松面对教师，并期望得到教师的帮助。教师此时再耐心诚恳地指出问题所在，就能有效促进双方的交往。但一个对幼儿、对家长负责任的教师并不能一味谈论幼儿的长处，避开幼儿的问题和不足。需要注意的是，教师和家长双方讨论幼儿缺点的时候，也应考虑交谈的场合。如果交谈被其他幼儿和家长听到，往往会影响其交往效果，家长会碍于面子不愿将谈话进行下去。

（4）注意用词和情绪表达

教师在与家长沟通的过程中，语调要柔和亲切，切勿以专家自居，不要发号施令似的总说"必须""应该"等词语，也避免使用专用术语，更不能责怪家长，要尊重身份和职业不同的家长，多倾听家长的话，多征求家长的意见。教师要争取家长的理解，做好教育工作，解决家长的后顾之忧。

与他人沟通中学会控制情绪，营造亲切友好的氛围也至关重要。在情绪表达过激或失控的情况下，我们提出的建议或观点并不容易被他人采纳。合作是一种社会交往能力，合作双方在工作中可能会有很多矛盾。如果矛盾激化就可能使合作破裂，甚至造成更坏的影响。俗话说，"话不投机半句多"。因此，教师在与

---

① 刘明. 幼儿教师与家长沟通现状研究[D]. 辽宁师范大学，2009.

"有异议"的家长交流时，要善于体谅和支持家长的意见，对家长某些错误的想法和看法要有耐心，要控制好自己的情绪，先用积极友好的态度说明教师和家长的出发点都是"为了孩子"。亲切友好的氛围能表达出教师对家长观点的重视，有利于家园之间的相互理解。

（三）深入交往原则与实施途径

幼儿园需要为幼儿提供尽可能丰富的教育资源，家长的支持与参与是获得宝贵资源的重要途径之一。幼儿家长从事不同的职业，有着不同的特长爱好。幼儿园应该尽可能地挖掘家长资源，并将其反馈到幼儿身上，供幼儿使用。

家园合作不深入的现象在我国目前具有一定的普遍性，家长与教师只是进行着浮于表面的交往，未能展开深入有效的合作。造成这种现象的原因相对复杂，改善的途径有以下几种。

1. 增加交往的频率

交往的频率不够，就无法有效地实现家园合作与交往。幼儿园应该创造足够多的机会让家长走进幼儿园，不要让幼儿园在家长心中蒙上神秘的面纱，这样只会适得其反。教师要重视日常的家长交往工作，应在日常工作中有目的、有计划地做好每位家长的工作。教师可以根据家长的不同情况，进行相应的交往和交流。

教师与家长的交往不应是出于偶然的需要，或当孩子出现问题的时候才发生，教师应当与家长经常联系，只有这样双方才能全面、系统、深入地了解幼儿，共同促进幼儿成长。

案例　家长试园

在新生开学初，家长和孩子一样也有分离焦虑。我们通过"家长试园"的方式来缓解家长的焦虑，让家长对幼儿园产生信任感。孩子入园的前两周，我们欢迎家长走进幼儿园，走入班级，亲自参与和观看班里的生活、游戏、教学及"大带小"活动。通过一段时间对幼儿园接触，家长看到了孩子在幼儿园里的真实表现，对孩子的老师也有了一定的熟悉和了解，就会放下心里的顾虑，对幼儿园建立起信任感。

（来源：北京市西城区三教寺幼儿园　王岚）

想一想

"家长试园"源于对家长真实心理的考虑与关照。在为孩子选择一所幼儿园之前，家长往往十分慎重，会对幼儿园的口碑、知名度、教育理念等进行全方位的考察。但是幼儿园在当地所在社区的声誉再高，家长若没有亲身感受与体验到，是不会发自内心地认可与接受的。所以，提供家长陪伴孩子的机会，可以让家长快速地了解幼儿园，建立双方的信任感。

2. 丰富交往的形式

目前，家园交往的形式相对单一，不丰富。家长参与家园交往的程度仍属于中低层次的家园交往，处于应邀参与幼儿园活动的阶段。这些活动主要包括家长会、家长开放日等。家长来园听课，以及家长参与幼儿园决策这一较高层次的家园合作形式，还不被现在的家长所采纳和实施。但是，已经有一批幼儿园开始鼓励家长以志愿者的身份走进幼儿园，家长也愿意担任这样的身份，愿意以此为共同促进幼儿的发展做出自己的贡献。

幼儿园中常见的家园交往的形式主要有以下几种。

（1）接送时交流

接送交流是一种教师与家长每日接触两次的面对面的交流，在任何地方任何级别的幼儿园中，在任何教师和任何家长之间都可以使用。教师和家长也会针对当天或近期发生在某个或某几个孩子身上的事情，或某个幼儿的具体情况进行的交流。

在教师和家长间各种交往方式中，接送交流具备的优点是：①教师主要面对个别家长，直接且针对性强；②每天都可以进行，交流频率高；③言语交流，省时省力；④面对面交流，多感官接触。接送交流是使用频率最高、最直接、最普遍、最有针对性、最个性化的交流方式，但这种交流也有缺点，就是时间紧，无法顾及全体幼儿。

接幼儿时交流和送幼儿时交流还是存在一定差异的，各有利弊（见表3-4）。

表 3-4　接幼儿时与送幼儿时交流的利弊分析

	优势	局限
送时交流	家长较分散	1. 一天工作的开始，教师需要花较多精力做教学准备工作 2. 家长急于上班，时间匆忙
接时交流	在教师下班前，家长下班后，时间相对较宽裕	1. 家长较集中 2. 大多交流简短，不够深入

教师进行接送交流之前，需要做足准备。

第一，需要安排孩子进行适当的游戏活动，最好是安排幼儿进行一些可以自娱自乐的安静型活动。这样，教师就不需要时刻关注幼儿的安全，将过多的精力放在孩子身上，从而可以与家长进行比较充分的交谈。

第二，教师在接送交流时要明确分工，确立一个方案。例如，出现家长临时要求约访交流的情况，可以委托一个教师重点关注孩子的行为表现。

第三，要确定交谈的主要内容，一般是最想解决的核心问题。

第四，主动与家长交流前要尽可能地了解家长的情况，包括家长的学历、职业、性格、育儿水平等，可谓"知己知彼，百战不殆"。

（2）家长半日开放日

半日开放活动是幼儿园家长工作的一种重要形式，家长可通过半日开放了解幼儿在园的真实情况，与教师互相沟通，达成教育共识。

家长开放日的形式包括环境参观活动、作品欣赏活动、家长旁观活动、家长参与活动、亲子游戏活动、家长助教活动等。

向家长全面展示幼儿园生活教育是实现家园合作的重要途径。在教师组织的各项活动中，教师可以更自然更直观地将幼儿园的教育理念、教育方式展示在家长面前，使家长感受到幼儿园教育的专业性，逐步建立其对幼儿园教师、幼儿园教育的正确认识。在开放活动中，家长通过观察，发现并与教师共同探讨教育中的问题，对教师的教育提出意见和建议，有利于促进教师的专业发展，而且可以真正实现在家园共育中促进幼儿、教师、家长三方面共同发展的目标。

（3）家长会

幼儿园家长会是幼儿教师和家长围绕特定目标开展的、面对面的、以口头形式为主的群体性活动，是幼儿园与家庭联系的重要途径。

当前家长会存在形式单一、内容枯燥、家长参与少等问题，这也使得家长会难以发挥其真正的价值。

家长会为家长与幼儿教师提供了沟通平台与渠道，能够帮助家长和教师一起达成教育共识，共同探索教育良方，消除教师和家长沟通的一些障碍。

案例　创新家长会

家园沟通伴随着情感交流。幼儿园要让家长感受到幼儿园全力为孩子、为家长考虑的努力，这样才能拉近彼此的距离，建立情感基础。召开家长会是争取家长参与的重要形式，也是幼儿教师与家长建立感情联系的重要途径。一般幼儿园的家长会，是教师坐在前面讲，家长坐在会议室内被动地听，两者之间缺乏对话和互动。这样的家长会流于形式，开展效果并不好。

在王园长的鼓励下，教师们创新家长会的模式，打破了传统的教师"一言堂"。不同班级的教师，可以根据自身班级的情况、孩子所在的年龄阶段以及普遍存在的问题等，自行决定开家长会的时间、地点、形式、内容等。

时间的改变

家长会的时间选择在孩子离园后，而不是工作时间。父母本身很愿意来参加家长会，想跟老师亲自沟通孩子的发展情况。但平时白天要忙工作，一些家长就只好委托老人来参加。为了尽量让孩子父母来参加，老师就将家长会定在晚上。园里也会积极配合家长会工作，特意请食堂师傅为家长准备糕点和水果。

地点的改变

家长会的地点也不再是会议室而是孩子所在的班级，这样家长可以更加深刻地感受孩子们的生活游戏环境，让家长更加真实地感受孩子的在园生活。

形式的改变

1. 体验式：让家长认识孩子的学习特点和规律，认同幼儿园的教育理念

中四班体验式的家长会让家长认识孩子的学习特点和规律，认同幼儿园的教育理念，请家长当一回孩子，体验孩子在班级活动区的生活和学习，理解何为"玩中学"，了解孩子的学习特点。一些家长认为孩子在幼儿园就是玩，老师只是陪孩子一起唱唱歌、跳跳舞。通过请家长当孩子，可以让家长们了解孩子每天"总在玩"背后的真正目的，体会孩子在幼儿园中获得的学习与成长。同时，家长能更鲜明地感受到幼儿教育的专业性，从而修正对幼儿教师和幼儿园教育的认识，更愿意积极配合教师和幼儿园的各项工作，实现合作双赢。

2. 情境再现式：围绕家长关心的问题，消除家长的疑虑

小二班情境再现式的家长会围绕家长关心的问题，通过情境再现来消除家长的疑虑。小班孩子刚入园，经常会回家向家长告状，说在园里受欺负，别人会打他。家长听后就会比较焦虑，害怕自己的孩子吃亏。针对家长的顾虑，老师们采用情景再现的形式，由老师演孩子，将孩子的行为还原和再现，让家长明白小孩嘴里的"打人"到底是什么。其实，小班孩子不能真正理解"打"的含义，有时候被同伴"拍"一下也会回家告诉家长被同伴打了。家长看完老师的情境再现后，消除了担心，吃了一颗"定心丸"。

虽然每个班家长会的模式各不相同，但都是基于对"家庭是幼儿园重要的合作伙伴"理念的认同而开办的。首先，家长和教师是平等的，教师不能因为受过专业的学习和培训，就忽视家长的意见和想法。其次，教师要与家长建立双向交往。家长与教师的交往不是单向的教师对家长，或是家长对教师，双方应以幼儿的利益和发展为共同出发点，双向交流与合作，互相坦诚与信任。

（来源：北京市西城区三教寺幼儿园　张雪莲、赵春艳）

（4）家访

家访是联系幼儿园与家庭的桥梁，是一种个别交流的形式。家访是教师与家长之间建立信任感和结成朋友关系的最好的方法之一。

教师走进幼儿家庭，会对幼儿的个性及其成长环境有较为全面客观的了解。在家访中，教师、幼儿、家长面对面地直接交往和接触，缩短了彼此间的距离，建立了彼此接纳的情感基础。

家访包括入园前的普遍家访、问题性个别家访、慰问式家访、基于课题研究需要的家访等。

家访能使家长与教师有针对性地了解幼儿的发展状况，加强沟通，交流经验，共同促进幼儿发展。教师通过走入幼儿家庭，真诚地面对每个家庭和幼儿，对幼儿的父母进行访问，也能够对幼儿所处的家庭环境有一个真实的了解和感受。

（5）家长参与助教工作

家长参与助教工作指幼儿园主动邀请家长有目的、有范围地参与幼儿园的一些教学活动和协助教师工作，丰富幼儿的学习经验的活动。

家长参与的助教工作，在形式上有教师助教、活动助教、义工服务等。

家长的参与能促使他们对幼儿园所实施的课程形成更清晰的认识。只有与孩子们一起走进幼儿园，参与教学活动，家长才能真正了解孩子在幼儿园究竟学了些什么，以及怎样进行学习的。

家长有着不同的知识和职业背景，可以为幼儿园提供丰富的信息。有家长参与的教育活动，不仅可以丰富幼儿园的课程内容，也会为幼儿间的交流互动提供更多的机会。

案例　厨师爸爸教孩子如何烹饪

烹饪在家庭生活中是孩子们很喜欢的活动，也是最贴近家庭生活的活动，每个月我们园都会有小厨房的活动。如果在活动中有家长的陪伴，孩子们肯定会得到更多的快乐，同时也能增进亲子关系。

我们班梓睿小朋友的爸爸正好是一位面点师，于是我们就和他商量，问他是否可以参加我们的活动。梓睿爸爸听完我们希望他到幼儿园教孩子们做面点的邀请之后，很高兴地就同意了。他愿意来，一方面的原因是他也很想了解一下孩子的幼儿园生活。

在每次的小厨房活动中，梓睿爸爸都很认真地准备材料，和我们一同思考孩子们如何参与活动。他尽量为孩子们创造一些能够发挥他们想象的空间，让他们自己动手去做。孩子们在制作面点的过程中不但发展了自己的动手能力，创造力也有了很大的提高。有了梓睿爸爸的帮忙，我们的小厨房活动成为班级的特色，在小厨房做出来的糕点得到了家长们的称赞。孩子们得到了家长的肯定，成就感一下子就提升了。

到了年底，迎接新年的时候，我们和梓睿爸爸商量，想要为孩子们办一次集体生日会，想请他教孩子们做蛋糕。梓睿爸爸觉得这个活动很有意义，于是马上就开始跟我们商量如何准备材料，以及孩子们可以做什么。我们在筹备的过程中，还得到了班上很多家长的支持，他们有的帮我们布置会场，有的帮我们准备原材料。

家长告诉我们说："平时总是忙于工作，很少陪伴孩子。幼儿园的活动真好，不但让他们能够有机会陪伴孩子，还能够同孩子们共同学习。"梓睿爸爸更是激动地说："以前梓睿总是不喜欢来幼儿园，但是在我来教孩子做糕点之后，梓睿明显喜欢来上幼儿园了。他觉得我很伟大。感谢老师给了我与孩子共同成长的机会，让我们父子俩更加亲近了。"

（来源：北京市西城区三教寺幼儿园　王娜）

想一想

家长以教师助教的身份参与教育活动，是实现家庭和幼儿园共育目标的重要途径之一。家长们在幼儿园活动中获得了与孩子们共同学习共同成长的机会，幼儿园也获得了家长们的大力支持，获得了大量的教育资源，使得各项活动得以顺利开展。

（6）约谈

约谈是教师与家长为解决双方共同关注并且希望解决的问题，有计划、有目的地进行的深入的交谈。约谈的主题必须是教师和家长双方都希望解决的问题，而且都有尽快解决的强烈愿望。

约谈一般包括针对个别幼儿进行的个别家长单独约谈和以小组为单位进行的集体约谈。

在约谈工作中，教师与家长之间的情感能够进一步密切。教师通过约谈活动能够了解家长的内心想法，缩短与家长之间的距离，使家长更加了解幼儿园的生活和活动。约谈之前，教师和家长都应该有所准备，在心中或借用纸笔勾勒出沟通的重点。在交谈中，教师通常要简要全面地向家长汇报孩子近期在园中的表现，总结其优点和需要改进的地方；家长要坦诚地介绍孩子在家的情况、入园后孩子的成长和存在的问题，以及对幼儿园的期待。

（7）家长委员会

家长委员会是家长参与幼儿园管理与教育最常见的方式之一，是家园之间的一座桥梁，也是幼儿园与家庭之间、教师与家长之间联系的纽带。家长委员会成员由各班教师与家长民主推荐或自荐产生。

家长委员会主要有园级家长委员会和班级家长委员会，它能够加强家园之间的信息联系，协调家园教育的一致性；能够发动和组织家长发挥各种职业优势和特长优势，开展各种配合幼儿园教育的活动。

 资料链接

家长志愿者倡议书模板

亲爱的家长朋友，您好！

一直以来，作为幼儿园的合作伙伴，您一贯给予理解和支持，为孩子们的成长和幼儿园的发展做出了贡献。在教育多元化的今天，家长不同的职业背景、先进的教育思想和成功的育儿经验，都影响并促进着孩子们的全面发展。本着开放办园的思想，为进一步促进与家庭、社会的密切配合，更好地为孩子提供优质的教育资源，同时也满足广大家长朋友关心幼儿教育、参与园所管理、热心公益事业的美好愿望，我园倡议从本学期开始开展家长志愿者活动，希望得到您的大力支持。

一、志愿者要求

1. 身体健康，热心公益事业，富有社会责任感和奉献精神。

2. 关注孩子健康成长，关心、支持幼儿园发展。

3. 周一到周五期间能有自己支配的活动时间。

4. 积极、按时参加志愿者活动，遵守活动规则要求。

5. 活动中能与幼儿园默契配合，乐意与他人合作完成志愿者工作任务。

6. 遵守幼儿园各项规章制度，言行文明，不带无关人员入园。

二、志愿者工作内容

家长助教：邀请家长走进课堂，促进各行业家长优势资源共享，丰富幼儿集体教育活动内容，扩展幼儿视野，培养幼儿多方面的能力和兴趣。

给幼儿做老师：不定期担任孩子们的老师，给孩子们上课，与孩子们一起做游戏、讨论。讲述你们熟悉的专业知识，分享你们成长过程中的故事，让孩子们看到不一样的家长，也让您看到不一样的孩子。

师资培训：家长可以根据自己的特长，给幼儿教师进行声乐、书法、舞蹈、美容、绘画等诸多方面的培训。

安全助理：协助教师组织幼儿园内大型活动、外出参观、游玩等活动，保证孩子出行安全；来、离园时段协助幼儿园维持安全秩序。

活动助手：参加种植，美化环境，协助教师组织各类亲子、家园互动活动，如会场布置、摄影、维持秩序等。

义工服务：愿意在人力、物力等方面帮助幼儿园，如为幼儿园提供无毒无害的废旧物品、种植工具及用品，到幼儿园参加义务劳动，给班级教师做帮手等。

三、志愿者招募流程

1. 家长自愿报名。

2. 幼儿园根据报名情况，统一安排志愿者团队。

四、报名时间

(8)亲子活动

家长不仅是孩子的养育者，也是孩子的游戏伙伴。孩子和家长共同参与一些活动，可以增加彼此的亲密度，促进亲子关系的融洽，给孩子的成长提供最好的养料。家长的支持与合作是幼儿园活动顺利开展的重要保证，家长参与幼儿园的教育工作，会让家长们对幼儿园产生更深的认同感。孩子们也会因为家长的经常到来和共同参与而开心，利于和谐的亲子关系的养成。

案例　走进社区园艺体验中心的亲子活动

　　我园附近有个社区园艺体验中心，因此我们邀请家长与孩子一起进行种植活动，既可以让家长和孩子在活动中亲近大自然，又能够体验动手操作种植的快乐。

　　在亲子种植活动之前，班里的孩子们已经开展了种植的活动。我们利用班级特殊的地理位置，在后门前面的空地创设了"小一班大花园"，孩子们将自己带来的想要种植的植物种在大花园里。利用活动区的时间，孩子们可以到这里来照顾自己的小植物。

　　因为前期已经有了照顾植物的经验，孩子们对于这次的亲子种植活动也是充满了兴趣，而家长们对于这样一次能够和孩子一起亲近大自然的机会也十分珍惜。大家在活动中专注认真，细细感受着大自然的魅力。

　　活动结束后，我们将活动的照片制作成视频，将活动内容的讲解录制成音频作为背景音播放，再配上优美舒缓的背景音乐，制作成小简报上传到幼儿园的微信公众平台，记录下了这次美好的亲子经历。

（来源：北京市西城区三教寺幼儿园　华冬梅）

 想一想

　　案例中的亲子种植活动是一次非常成功的亲子活动，家长与孩子在活动中收获了愉悦的体验。同时，亲子共参与的活动形式增进着家长与孩子之间的情感关系，加强了家长与教师间的交流与沟通，也为家长之间建立联系创造了机会。

　　除了以上形式，家园交往还包括家园联系栏、家长沙龙、家长学校、网络互动平台等。教师应该基于实际情况，选择合适的交往方式与家长进行多次的、有效的交往。

四、幼儿教师学习行为的基本原则和实施途径

（一）关注教师学习整体性原则与实施途径

　　要想成为优秀的幼儿教师，我们必须做到多方面能力和素养的均衡发展，如在文化知识、实践能力、专业技能、科研能力等方面都应该有所发展。一些幼儿园过分重视幼儿教师某些方面的能力，而忽视对另一些方面能力的培养，这种做法是不可取的。幼儿教师的学习既包括专业提升，也包括文化素养的培养。

1. 为教师提供充足的学习资源

学习资源包括物质资源和人力资源。幼儿园除了提供资金、书籍、材料等物质资源，更重要的是保证人力资源的提供。最好能和大学教师、教科所的研究人员建立专业上的联系，保障幼儿教师可以源源不断地获得有益的信息资助以及学习上的纵向引领，保证幼儿教师学习的质量。人力资源保障的另一方面要求关注幼儿教师培训者自身的培训，提高教师培训者的专业素养，给予教师有效的引导，促进教师的专业成长。[①]

2. 与教师有效沟通，做到期待与理解的一致性

园长应该与幼儿教师进行有效沟通，改变他们对于一些制度或者期待的误解，帮助其正确认识学习的价值，引导幼儿教师制订适宜的学习计划。制订计划可以帮助幼儿教师合理安排学习时间，树立明确的学习目标。幼儿园管理者可以引导教师根据自己的实际专业水平、兴趣爱好制订不同层次的个人学习计划，远期的可以是三年学习计划，近期的可以是一年奋斗目标。学习目标的确立可以帮助教师在实现目标过程中自我约束，自我监控，自我评价，增进自主学习的动力。

3. 以多元化路径激发教师主动发展

管理的本质是激发善意，园长作为管理者应该尽可能地激发教师的主动性，促发教师自主主动地进行学习和提升。

案例 发现教师的闪光点，激发教师的主观能动性

都说好园长成就一所好的幼儿园，但我认为，好园长必须能够培养出一批优秀的教师，才能成就好的幼儿园。幼儿园的每个人都应该有自己的岗位分工，我作为管理者，最主要的任务是激发大家的内在潜力和积极性，给大家搭平台。园长应该为每个人找准适合他的位置，使其发挥专业特长，实现自己的价值。

每个教师在个性、特长、能力等方面都存有显著差异，对于课程有自己的理解和擅长之处，所以我会给予教师充分的自主权。如果用欣赏、包容的视角看待教师，教师是更愿意发挥主观能动性的。

---

① 沈芳雁. 幼儿教师学习研究——期待与现状[D]. 南京师范大学，2012.

　　人不可能十全十美，我鼓励教师要找自己的工作亮点，发现自己的闪光点，让自己更自信。期末学期总结，我会让每个老师谈一谈一学期中最突出、最值得骄傲的工作表现。可能你的教学活动做得不是特别好，但你特别会跟家长沟通，能营造和谐的班级氛围，特别爱孩子，能把常规工作做好，这样其实也是好老师。很多人说我们的老师都特别好，我说看用什么尺子来衡量了。如果都用教学活动或者某一项指标来量，很多人并不那么好。但是我的尺子宽泛，这一样不行，总有一样行。

　　教师只要有了自主空间，感受到被信任，积极性就会被调动起来。谁也不愿意被抽着去做事，"不管"是管理的最高境界。有的园长总是怕教师做不好，不敢放手。但是万事开头难，什么事情都是循序渐进的。要让教师做些觉得有用的事情，去实现自己的想法。只要对孩子的发展有好处，家长满意，教师就可以去尝试。即使失败了，还可以反思，结合孩子的特点和学习方式做出调整，这也是一种进步。

　　　　　　　　　　　　　　（来源：北京市西城区三教寺幼儿园　王岚）

（二）尊重教师学习个体差异性原则与实施途径

　　幼儿教师的个体差异性主要体现在四个方面：①需要、关注点、兴趣；②原有的知识水平和教学经验；③个性特征；④教学风格。只有尊重学习者的个别差异，因材施教，提供差异化的培训学习机会，有针对性地规划培训方案，满足不同幼儿教师群体的需要，才能使每一位幼儿教师都得到最大程度的成长与发展。[①]

1. 倾听来自幼儿教师的声音，了解教师的学习需求

　　有关幼儿教师专业发展阶段的研究发现，不同幼儿教师的学习能力和需求是不同的，有针对性的、个性化的支持和引领才能满足不同幼儿教师的需求。因此，管理者要经常深入一线，倾听教师的声音，抓住幼儿教师的学习特点，了解教师的学习需求以及工作中普遍存在的问题，以制定贴合幼儿教师实际的学习方案，为教师提供切实有效的学习保障。促进幼儿教师的专业发展更是要关注教

---

　　① 吕耀坚，赵亚飞．建构有效的幼儿教师职后培训策略——基于学习维度论的视角[J]．学前教育研究，2008，2：22-24．

师，关心他们的所思所想所行，这样才能为他们提供最有效的支持。对幼儿的教育要从幼儿的实际出发，同样，对教师的教育也要从教师的实际出发。[①]

2. 根据发展需求，进行差异化学习培训

一所幼儿园由不同资历的教师构成，有刚入职的青年教师，也有丰富经验的骨干教师。教师之间因教龄、学历等方面的差异，造成现有水平和能力之间存在不同程度的区别。因此，不同的教师有着不同的培训需求和学习需求。对不同的教师个体进行同一内容同一形式的培训，显然不恰当。我们常说要对幼儿要因材施教，那么对教师来讲也是一样。只有每个教师个体都得到了最大限度的提高和进步，才能最大限度地推动园所整体教育质量的提升。一般来说，促进教师专业提升的途径主要有以下几种。

第一，专家引领，助推教师专业化成长。

第二，外出学习，汲取各地优秀经验。

第三，骨干教师传授经验，发挥示范作用。

第四，"师徒"模式助推新教师成长。

（三）重视幼儿教师反思能力原则与实施途径

《幼儿园教师专业标准》在对教师"专业能力"这一维度上的"反思与发展"领域，提出三条具体要求，分别为：主动收集分析相关信息，不断进行反思，改进保教工作；针对保教工作中的现实需要与问题，进行探索和研究；制定专业发展规划，不断提高自身专业素质。研究普遍认为，教师的专业化发展要求教师成为研究者，其最鲜明的特色就是注重教师自身的反思性发展。

美国著名心理学家波斯纳在 1989 年曾提出教师成长公式：成长＝经验＋反思。反思无疑是促进教师成长的关键性因素之一。有些工作了几十年的老教师虽然经验丰富，但是反思能力不够，教学能力与教龄并不对称，这也恰恰印证了波斯纳的成长公式。

幼儿教师对自己的教育教学行为进行客观的理性批判，能够使自己逐渐获得理性经验，使理论与实践更好地融合在一起，从而更加科学理性地处理教育教学中的各种问题。

1. 鼓励参与式学习

参与式学习使用的是能够使个体参与到活动中来并与其他个体合作学习的方

---

① 沈芳雁. 幼儿教师学习研究——期待与现状[D]. 南京师范大学，2012.

法，通常包括分组讨论、案例分析、观看视频、角色扮演、填表、画图、座谈、观察、辩论、排序、打分、小讲座以及其他根据培训内容而设计的各种游戏和练习。这种培训学习应尽可能创设一个轻松愉快的学习环境，引导教师积极思考，多向交流。例如，参与式方法能有效调动教师的学习兴趣，引导他们在活动、表现和体验中反思自己的经验与观念，在交流和分享中学习他人的长处。这种培训不仅能使学习者产生新的思想，而且能帮助他们加深认识，有助于幼儿教师良好思维习惯的养成。

2. 鼓励探究式学习

培训者在向幼儿教师讲授新的理论知识时，并不是以定论的方式进行灌输，而是与幼儿教师一起研究、讨论、分析，引导幼儿教师在学习教育理论过程中不要全盘接受，而是抱着质疑、探索的研究态度，结合幼儿教育实际批判性地学习。对于自己肯定、接受的教育理论，或者对于自己否定排斥的教育理论，幼儿教师要能够真正地进行分析，道出其中的原因。

3. 鼓励反思训练

幼儿教师应该有反思的意识，能随时对自己的教育思想和行为进行监控和反思，反思教育观念是否正确、教育策略是否恰当、教育效果是否良好以及存在哪些问题和应该怎样解决。幼儿教师只有进行自我分析和对比，才能找出与专家的差距，对自己的思想和行为进行调整，最终不仅能达到对自身及教育行为的修正与完善，还能使自身的教育反思能力得到提高。培训者还可以提供一些反思方法，比如：①写反思日记；②详细描述观摩的教学活动，并与其他教师交流；③鼓励不同背景与经验的幼儿教师共同讨论教学中的问题；④行动研究，等等。

4. 给予教师反思的时间

德国哲学家约瑟夫·皮珀提出闲暇是文化的基础的观点，认为闲暇是一种人生哲学，是一种生活的观念。闲暇时的倾听、观看、沉思、默想状态会让人获得对世界的了解，产生巨大的快乐。没有闲暇，人就不可能进行思想活动，文化也就无从产生了。

只有处于放松状态时，我们的思考才会深刻而有意义。这不仅是一种享受，而且只有在这时，我们的思维才是最富有活力和创造力的，新的灵感才会不断涌现。所以，安静的沉思是有效反思的条件与保障。想要让教师更有思想和反思精神，幼儿园就不应该长时间让教师超负荷工作，或者剥夺教师的专业自主权，应适当给教师松绑，给他们一定的闲暇与放松的时间。①

（四）重视团队合作原则与实施途径

一所幼儿园的教师队伍建设就像拔河比赛一样，需要队伍中的每个人都全力以赴，齐心协力。小到一个班级的管理，大到全园的演出和活动，都需要教师之间亲密配合。重视团队精神，增强每个个体的集体归属感是幼儿园教师队伍建设的重要原则之一。

1. 营造宽松的团队学习氛围

园长必须重视学习氛围对学习的影响，鼓励幼儿教师积极参与。现在的幼儿教师接受的学习培训很大一部分是以讲座的形式开展的，虽然这种形式可以在短时间内高效地向很多人同时传授信息，但是这种"一堂言"缺少幼儿教师的积极参与和反馈，很容易导致幼儿教师对学习持消极态度，进而影响学习效率。所以，幼儿园应营造宽松活跃的学习气氛，让学习者主动参与，切实提高学习的效果。

良好的心理环境需要园领导与教师共同营造，宽容和谐的氛围也有助于幼儿教师的学习成长。在幼儿教师的成长过程中，园长应以鼓励为主，以宽容的心态包容教师的不够成熟。另外，园长也应适当增加幼儿教师间的交流机会，促进幼儿教师间的分享交流，以建立良好的知识分享氛围。

案例　以辩论促教研

我园拥有一支学习研究型的教师团队，在平日的教育教学和教科研工作中不断地尝试、实践和研究，促进了园本课程的有效发展。在这个过程中，我们也进行了多种形式的教研活动，改变了传统的教研模式，不再只是单纯的"一人讲，众人听"，而是以"辩论赛"的形式展开教研活动，灵活新颖，给广大教师以耳目一新的感觉。同时，在这种全新的形式之中，每位教师都可以大胆充分地表达内心的想法，陈述自己的观点和理由；在双方辩证的过程中也能倾听了解他人的想法，真正取得了沟通的实效！

在学习与研究"角色游戏与幼儿发展"一题时，我园就结合工作实践开展了"辩论赛"形式的教研活动。初次尝试，大家都感到有些生疏，摸不着头绪。在领导的指导与带领下，我们首先做好前期的准备工作，在确定选题的基础之上分组准备相关材料。

---

① 姜勇. 幼儿教师专业发展[M]. 高等教育出版社，2015.

此次辩论的题目为"要自由还是要指导"。大家根据自己的实践经验分别选择"自由"或"指导"为自己所倾向的辩证内容，也由此进行了分组。根据分组情况，大家开始各自搜集所需要的素材。教师翻阅专业书籍查找相应的理论依据，上网搜集大量的资料，在平日的带班过程中深入游戏中观察幼儿游戏的行为与种种情形，运用文字、图片、视频等多种方式储备自身知识，以此为辩论赛做充分的准备。

活动当天模拟创设辩论赛场的环境氛围，促使教师们全身心地、真切地投入辩论之中。我们将会议室布置成为辩论赛赛场的形式，左右分开，呈正方和反方。大家按照自己的分组情况，分别佩戴正、反两方的标记入场。主持人解读辩论规则，宣告辩论开始，一旁还有专业的计时员负责把握整场的时间及进程。由两方组长带领，两方组员分别根据自己的意见及见解进行陈述与辩证，充分地表达着自己的所想和所见。双方辩手在辩论过程中尤为激烈，正反方辩手接连阐述自己的观点与理由，借助自己之前搜集的文字、图片、视频等资料慷慨激昂地表达着自己的内心所想，努力驳倒对方……辩论场上呈现出一派白热化的情境，大家各抒己见、有理有据的陈述过程也让双方倾听到了对方的见解。

我们真正的目的不是驳倒对方，而是在双方互利的过程中找到有利于幼儿游戏发展的观点，以促进教师带班过程中观念的完善与能力的提升。

此次辩论赛最终以中立的态度收场，因为双方阐述的观点各有道理。

在幼儿的游戏中教师要敢于放手，为其创设自由的空间，等待孩子们从中得到发展。坚持"自由"的一方借用特级教师沈心燕老师的一句至理名言，说："只要你给孩子空间，孩子就会给你惊喜。"与此同时，在关键的时刻教师也要适时适度地给予指导，只有二者兼得，才能够促使孩子们在游戏中真正获得发展。而主张"指导"的一方，也借用著名教育家陈鹤琴先生的教育思想表明观点："要以幼儿为主体，将游戏的主动权交给幼儿。在角色游戏中，幼儿玩什么，怎么玩，和谁一起玩，我都让幼儿自己选择，自己做主，让他们当主人。我采取民主的态度，提供充足的时间，和幼儿一起玩，一起笑，耐心地倾听他们的想法和感受，一起探索游戏中碰到的问题，共同交流和享受其中的乐趣，让他们在自由自在的玩中提高自主创造性。"

通过此次辩论赛形式的教研活动，我们也看到了工作中的亮点和弊端。针对幼儿游戏"要自由还是要指导"的问题，我们都认为二者缺一不可，在适当的时候要充分发挥二者不同的作用，如此才能取得良好的效果。此外，在活动中，我们充分感受到了有效沟通的重要性，也学会了倾听和尊重同伴的意见，从而增进了团队凝聚力，切实体验到只有合力共事才能达到事半功倍的效果。

（来源：北京市西城区三教寺幼儿园　侯思峣）

2. 组织多元化的团体学习

团体学习是指为了达到某一目标(或目的)而将不同的个体集合起来的一种共同学习形式，一般由幼儿园组织安排，大致包括三种。

第一种，指导型的团体学习，如校外专家、教研员、学科带头人等对教师的指导。

第二种，表现型的团体学习，如上公开课、教学成果展示等。

第三种，研究型的团体学习，如专题讨论、课题研究等。

(五)支持幼儿教师自主学习原则与实施途径

幼儿教师的专业化发展是幼儿园办园质量的重要保证。如何让幼儿教师获得有效的学习效果，这是学前专家和相关教育工作者认真思考的问题。现在，很多幼儿教师都能获得不同类型的学习机会，如外出学习、园内培训、专家指导等。但是，幼儿园管理组织提供的培训学习并不见得能完全满足教师的实际需求。因此，幼儿园在为教师提供学习机会的时候，不要为了组织而组织，更应该关注学习的效果。形式大于内容的培训学习不但没有效果，而且占用了幼儿教师宝贵的时间，还不如将时间留给教师自由支配，鼓励教师进行自主学习。

教师的发展不是被动的，而是自觉主动地改造、构建自身专业知识与能力结构的自主发展过程。因此，幼儿教师的主动学习行为是实现自身专业成长的重要途径之一。从某种程度上来说，主动进行的学习行为对专业成长的提升比被动的接受培训更有效果。

"自主学习"虽然是对幼儿教师的要求，但是实现"自主"却需要园长与幼儿教师的共同努力。幼儿园应为幼儿教师提供自主学习的条件，引领幼儿教师的自主学习。

1. 给予教师可自由支配的时间

时间精力不足是幼儿教师学习最大的障碍。幼儿教师有学习的动机，也拥有充足的物质资源和丰富的学习途径，但是大部分教师都表示因为时间精力的不足，其学习受到了很大的影响。时间精力不足主要由两方面导致：一是幼儿教师的日常工作与学习的冲突，烦琐的幼儿园事务分散了教师学习的时间和精力；二是幼儿教师社会角色与职业角色的冲突。幼儿教师不只是需要学习进步的教师，也是需要家庭生活、个人空间的社会人。结婚生子，孩子经历小学、中考、高考等人生关键期，作为家庭成员，幼儿教师对这些家庭事务的分担都会分散自己进行专业学习的精力。

因此，幼儿教师表示需要解放自己的时间：一是幼儿园能给予教师一定的自由安排时间，不要把工作安排得太满，以便幼儿教师进行观察和反思；二是希望得到家人的支持和理解，分担家庭事务，使教师减少后顾之忧，安心学习。

要让幼儿教师的学习活动长效地开展，学习时间的保证必不可少，园长需要通过一系列的措施保障幼儿教师自由支配的时间。例如，对教师现有的文案工作进行科学合理的调整；减少一些程序性而无实际意义的会议；每天开辟专门的时间，供幼儿教师撰写反思笔记和观察记录等。

2. 鼓励教师主导，改变单向学习模式

目前，幼儿园组织的学习活动大多数由组织管理者单向发起，实际上不利于幼儿教师的参与和良好思维习惯的养成。单向发起的学习模式存在着一些问题。一是学习活动形式化。形式是为内容服务的，形式再好，没有有价值的内容，教师学习的愿望就会降低，丧失对学习的热情。二是学习过程结构化。千篇一律的流程使团体学习演变成一种僵化的、缺乏活力和吸引力的学习方式。主持学习的教师为了实现环节的完整，对时间的掌控缺乏灵活性。三是组织方式模式化。教师一听到观摩活动就马上想到看课、评课、提建议，缺乏新意，影响教师的学习的兴趣。

其实，对于学习培训，幼儿教师也可以是主导者，享有组织的权利。幼儿教师可以结合自己的经验分小组展开讨论，列出各种解决问题的方法，并派代表进行总结发言。这样的程序安排能够促进幼儿教师的集体参与和互动，使幼儿教师处于思维活跃状态，不断产生新的思想。①

① 吕耀坚，赵亚飞. 建构有效的幼儿教师职后培训策略——基于学习维度论的视角[J].学前教育研究，2008，2：22-24.

第四章 幼儿园制度文化建设

幼儿园文化是幼儿园在长期的教育实践中积累和创造出来的，并为其成员认同和遵循的价值观念体系、行为规范准则和物化环境风貌的整合与结晶。其中，幼儿园制度文化既是幼儿园精神文化的外在显现，也是幼儿园物质文化建设的有力保障，因此在幼儿园文化中，制度文化的建设具有十分重要的作用。

第一节 对幼儿园制度文化的认识

一、幼儿园制度文化的含义

（一）表现为文本化的各种规章制度

第一，国家颁布的教育方针、政策、法律、规章。

第二，政府主管部门制定的各类章程、规则、指示、要求等。

第三，幼儿园结合自身实际而制定的大量有关教育教学、科研、工作、学习、日常管理等的规章制度。

（二）内化为个体的素质

将制度转变为个体思想观念上的、道德认识水平上的、价值观上的、内隐的"规章制度"，这种把外在的要求转化为内在的需要和个体符合制度规范的自觉要求，不仅是建立外显的、物化的规章制度的目的和归宿，也有利于幼儿园形成一种良好的制度文化氛围，是幼儿园重要的精神财富。

由此，可以说幼儿园制度文化是介于有形的物质文化和无形的精神文化之间的物质化的心理和意识化的物质。

二、幼儿园制度文化的基本特征

（一）强制性和自觉性的统一

强制性是指规章制度作为幼儿园制度文化的物化形态，不仅使幼儿园教职工在行动时有章可循，有法可依，而且对他们的行为有很强的约束力。规章制度一旦形成，教职工就必须严格遵守。

自觉性是指幼儿园的规章制度除了作为外在的要求外，更需要幼儿园全体教职工都按照这样的外在要求自觉地执行，甚至成为自己行动中的一种习惯。否则，这样的要求就没有发挥它的最大作用。

在幼儿园制度文化建设中，制度的强制性只是为了达到我们所期望的自觉行为的一种手段。对幼儿园制度文化的强制性和自觉性辩证统一的认识，有助于我们把握幼儿园制度文化建设的实质，并最大地发挥制度的效能。

(二)科学性和经验性的统一

依据理论建立的幼儿园制度，并不完全符合具体实践中的要求，其建设还需要依靠与幼儿园的发展与建设息息相关的教职工。他们在长期实践过程中积累起来的幼儿园管理方面的制度，虽然不一定完全符合科学的规范要求，却能为全体教职工所接受和执行。

所以，制度的形成不仅仅需要理论的指导，也需要由实践中丰富的、个性化的经验通过不断地归纳、总结、提升而形成科学的理论。这样的实践与理论相互结合，就使幼儿园的制度文化建设具有了经验性和科学性的辩证统一。

(三)共性和个性的统一

国家所制定的规范幼儿园办学和管理行为的教育方针，及各类有关教育的政策、法律、法规，是各级各类幼儿园制度文化建设过程中的共性，也是幼儿园必须遵守的规范。但是，在创办过程中，由于自身具有不同的办园情境，面对不同的文化背景和不同的教师、家长和幼儿，每一所幼儿园都会根据本园的实际情况，将共性的制度具体化、个性化，或者根据本园实际情况和特点制定出适应本园管理特点的、精细化了的制度体系。

(四)稳定性和变动性的统一

幼儿园制度文化的形成是一个长期积累的过程，是幼儿园历史发展过程中所有教职工共同努力创造的结果。这样的制度文化一旦形成，就相对稳定地影响着在这里工作、学习的所有人员。他们对制度的认同，又加固了幼儿园制度文化的稳定性。

幼儿园的发展受到整个社会政治、经济、文化的影响。社会发生变化，幼儿园的制度文化也会与时俱进地随之产生变化。同时，由于幼儿园的人员构成与素质也在不断变化，因而原有的制度也需要进行适当的调整。

稳定性和变动性的统一是幼儿园制度文化在继承和发展中始终充满活力的重要保证。[①]

◇ 三、幼儿园制度文化建设的重要性

（一）价值导向功能

合理的规章制度对幼儿园全体教职工的政治方向、价值观念、思想品德、行为规范和生活方式的选择，有着直接的或潜移默化的导向作用。

（二）行为规范功能

合理的规章制度可以通过渗透其中的道德要求和教育意志，运用暗示、舆论、从众等特殊机制对幼儿园有关人员产生潜在的心理压力和动力，让他们在自觉感受这种影响的过程中，规范自己的行为。

第二节　制度文化建设的基本原则和实施途径

◇ 一、幼儿园制度文化建设的基本原则

（一）民主性原则

"民主"一词源于希腊文，原意为人民。民主是在一定的阶级范围内，按照平等和少数服从多数原则来共同管理国家事务的国家制度。

幼儿园在制度文化建设中实行民主性原则，是指在园所管理工作中实行民主集中制，充分调动全园教职工的积极性和创造性，共同参与园所的管理工作，依靠群众的智慧和力量，把园所办好、管好。园所管理实行民主性原则是由我国的社会主义制度决定的。在我国，人民是国家和社会的主人，教职工参与幼儿园管理是他们的基本权利。园长只有尊重教职工的这种权利，才能把园所建设做好。

根据心理学的"参与"和"认同"理论，教职工以不同形式参与管理，能够影

---

① 陈云龙．试谈幼儿园的制度文化建设[J]．早期教育，2005，7：8-9.

响集体工作的发展与改革，对组织的巩固、工作的推进、士气的提高、心理气氛的改善都有很大作用。同时，广大教职工的参与有助于培养他们主人翁的责任感和对幼儿园组织的归属感，增强园所的凝聚力、向心力，形成良好的园风园貌。

（二）组织性原则

从广义上说，组织是指由诸多要素按照一定方式相互联系起来的系统。从狭义上说，组织就是指人们为实现一定的目标，互相协作结成的集体或团体，如党团组织、企业、军事组织等。在现代社会生活中，组织是人们按照一定的目的、任务和形式编制起来的社会集团。组织不仅是社会的细胞和基本单元，而且可以说是社会的基础。

在幼儿园所制度文化建设中，园长作为管理者，要将全园各类制度、过程性考核等制度文化建设的内涵，依据既定的目标，在民主和谐的氛围中组织全体教职工、家长参与园所的制度文化建设。

（三）精细化原则

精细在现代汉语中有精致细密之意，在文言文中有精明能干、细心仔细、清醒苏醒的意思。

幼儿园制度文化建设的精细化原则是指分工的精细化，是化繁为简，关注细节，养成良好习惯；是管理者分层负责，形成管理网络，将管理责任具体化、明确化，责任到人；是管理者分块负责，健全管理制度，明确岗位，清楚规定，精准做事。精细化是一个持续的漫长的管理优化的推进过程，需要管理者采用循序渐进和厚积薄发的过程控制方式。

（四）实效性原则

实效性是指实施的可行性和实施效果的目的性。实施的可行性是方案的设计理念以及进行操作的可行性，而实施效果则是目的的到达程度或结果。

幼儿园制度文化建设的实效性原则是指在管理过程中的实际效果，是管理者借助科学的管理模式加强执行力，通过有计划、有检查、有调整、有落实的"危机管理"转变管理观念，提高管理者的素质，通过建立工作制度和法规来保证各部门有机而协调地运动起来，以提高工作效率。

二、幼儿园制度文化建设的实施途径

（一）帮助教职工明确制度建设的重要意义是制度民主化建设的基础

幼儿园可以分层召开会议，明确幼儿园制度文化建设的重要意义，鼓励人们献计献策，在统一认识的基础上制定出合理的制度。

案例1 以人为本，建立幼儿园民主管理制度

新学年开始了，园长带领全体教师逐条讨论幼儿园的《规章制度》。

首先，由园务会人员对制度的总体框架进行建构。例如，在制定教职工的绩效评价方案时，先由园务会人员讨论确定出教职工绩效考核的三大方面，即政治、工作和业绩，并确定出每个方面大致包含的内容有哪些。他们认为考核"政治"时应包括的内容有：一是爱党爱国，二是爱岗敬业，三是礼仪标准。

其次，在具体到每项内容的标准时，由所有教职工分组讨论决定：第一组讨论爱党爱国的标准和要求，第二组讨论爱岗敬业的标准，第三组讨论礼仪标准和要求。在讨论过程中，一定会有不同的意见和想法，由此便有了不同思想观点的碰撞。例如："教师在夏季可不可以穿短裤？"一些老师认为短裤方便、凉快，可以穿；另一些老师认为穿短裤让人感觉太随便，有失庄重。经过投票，大多人认为上班时间不宜穿短裤。因此，我们最终将上班不穿短裤列入园所的规章制度。

（来源：北京市丰台区群英幼儿园　黄海云）

 想一想

制度是幼儿园的"法"，是幼儿园各项工作正常运转、良好工作秩序建立的保证。俗话说："没有规矩，不成方圆。"合理的规章制度对幼儿园有关人员的政治方向、价值观念、思想品德、行为和生活方式的选择，有着直接的规范与导向作用。如果没有制度，只靠每个人的自觉是不可能保证良好的工作秩序的。制度约束的是违规者的行为，对自觉者的影响是激励。当幼儿园员工都明确了幼儿园制度文化建设的重要意义之后，他们对制度的态度就不会是抵触而是配合了。

幼儿园在制定、修订制度时应该采取的方式是发动全体教职工参与讨论，在统一认识的基础上制定出合适的制度。经过讨论之后，教师们对制定制度的目的会有更深刻的了解，切实体会到制定制度的目的是让幼儿园有更好的发展；而且，不论结果是什么，教师们都会认同，并按要求去执行。因为，这是大家认为的最合适的结果。教师参与制度的制定，会使制度具有更大的民主性和群众性，

也有了更强的可行性。教师会更严格地执行经过自己认可的规章制度，自我约束，自我监督，在出现问题时，也能够自我反思，大大提高了工作效率。

案例2　以温暖祥和的氛围感染每一位教师

李老师是幼儿园一名工作五年的青年教师，对待工作一直充满激情。在平时带班过程中，她与孩子的关系是非常平等而亲密的，也总是能别出心裁地创设出孩子感兴趣的游戏活动。在园里组织的各种教研活动中，她总能认真思考，积极发言，是大家眼中公认的努力认真的青年教师。

可是，在近期工作中，李教师却总是不在状态，不是无精打采就是心不在焉。一次户外活动时，保教主任巡班过程中发现李老师并没有带孩子进行户外游戏，而是班里的保育老师在带着孩子做活动。班里的几个"调皮大王"趁着李老师不在就大闹，甚至把有名同学的脸都抓破了。

得知此事后，园领导并没有第一时间批评责备李老师，也没有依据制度直接进行处理，而是先思考一直努力工作的李教师为何在带班期间擅离职守。园领导正在与中层领导了解情况时，李老师却主动找了园领导。她向领导承认了错误，在谈话过程中很是自责，并且心事重重。因此，园领导认为李老师最近工作上的疏忽应该另有原因，于是耐心与她沟通，并试着化解她心中的自责。通过谈心，园领导得知她的父亲近期身体不好，事发时接到了父亲生病住院的通知，这才造成了此次事故的发生。得知这一情况后，园领导开会商讨，决定由工会主席作为代表看望李老师生病的父亲，并注意在平时工作中找机会与她谈心，缓解她的压力。

（来源：北京市丰台区群英幼儿园　范小辰）

 想一想

在此案例中，园长处理问题本着以人文本的原则，以温暖祥和的制度氛围感染着每一名教师，以诚恳的态度、关怀的方式解决问题。园长并没依据冷冰冰的制度直接处罚或严厉批评李老师，而是通过分析和观察了解到了李老师的内心，以人性化的制度管理着幼儿园里的每名教师，这也让教师内心充满了温暖和阳光。

案例3 培养具有独特风采的青年教师

　　幼儿园青年教师占教师总人数的近三分之二，因此我园非常重视青年教师队伍的建设。每学期除了开展"一课三研""一人多研""青年教师展示日"等活动外，还结合工会、团支部组织开展丰富多彩的活动，给青年教师搭建展示自我的平台。

　　为响应全民健身的号召，增强教师传统文化素养，工会组织全体教职工进行了"迎春天发现名亭"健走活动。华夏名亭园是陶然亭公园的"园中之园"，有"醉翁亭""沧浪亭""兰亭""独醒亭""二泉亭"等十余座国内名亭，亭景结合，相得益彰。年轻教师激情昂扬地介绍着各个名亭的历史文化及背景，这让周围的游客都情不自禁地停下脚步侧耳倾听。

　　此次活动从组织到开展都是由教师们策划的，园领导给了教师充分的发挥空间，并且青年教师在活动中展现出他们自信自主、乐观向上的风采，进一步增强了教师队伍的传统文化素养。教师们在这样的活动中走出了健康，走出了快乐，走出了自我的风采！

（来源：北京市丰台区群英幼儿园　范建华）

想一想

　　幼儿园良好的制度建设不仅能有效地保证教学秩序正常运转，而且能充分地调动教职工的工作积极性。园长应在制度建设方面充分调动教师的主人翁意识，调动教师工作的自觉性及内在动力；在管理方面做到既亲切关怀又严格要求，并对幼儿教师进行有效的、到位的教育和培训。园长要用人文关怀的力量创设"民主、平等、和谐、温馨"的环境，为教师提供一个轻松和谐的人际氛围，形成良好的工作环境，促进教师全身心投入工作。幼儿园园长也应重视加强对教师队伍的建设，为青年教师提供实现自我价值的平台。幼儿园可以针对园里不同风格及特色的教师制定不同的专业化发展方向，同时为增强教师的职业意识和信念开展一系列的活动，如"师德演讲""新秀评选""一课三研""青年教师展示日"等，肯定教师的职业价值，激励青年教师队伍积极进取。

（二）完善"以人为本"制度管理是制度民主化建设的核心

　　幼儿园应该通过建立精神激励机制，满足教师心理上的需要，增进教师的事业心和责任感，从而进一步完善"以人为本"的制度管理。

案例 1 认真核实接送者，做有责任心的教师

　　幼儿园有一位天真可爱的牛牛小朋友。一天晚上离园时，来了一位自称是牛牛妈妈的人来接牛牛。教师一看来人自己并不认识，就不让她接牛牛。那位家长说："我是牛牛的妈妈，请老师让我把孩子接走吧！"听了这话，教师就问牛牛那人是不是她妈妈，牛牛低着头，轻轻地点了点。知道来人确实是牛牛的妈妈后，教师这才放心了。于是，牛牛妈妈带着孩子向幼儿园门口走去。教师发现此时的牛牛并不像正常情况下孩子看到妈妈来接那样欢喜雀跃，而是不愿和"妈妈"走。这一反常的现象引起了教师的警觉，她立即追上去说："牛牛妈妈，请等会儿。"这时牛牛妈妈有点着急地对牛牛说："牛牛，奶奶今天有事来不了，我好不容易才有时间接你一次，和我一起回家吧，奶奶在家等着咱们呢。"听到这里，教师立即拨打牛牛奶奶的电话，询问事情缘由，并让牛牛和奶奶通了电话。牛牛这才高高兴兴地和妈妈一起回家了。

（来源：北京市丰台区群英幼儿园　段可昕）

💭 想一想

　　按照幼儿园接送制度的规定，每名幼儿上幼儿园时，园方一般都要求家长办理门监卡手续，然后每天来园接送孩子时都要刷卡，这样门卫才会放行。有了这样的操作程序，孩子在幼儿园的安全性大大提高了，解决了家长担心幼儿被接错或被别有用心的人接走的忧虑。同时，案例中的教师严格遵守幼儿园的规章制度，认认真真做好本职工作，也体现出园所制度文化的成功。

　　在日常的管理中，幼儿园园长要进一步加强教师的师德教育，使每一位教师在恪尽职守、做好本职工作的基础上，再多一份细腻与责任感，谨防偶然失误带来安全事故的发生。园长可以建立精神激励机制，满足教师心理上的需要，增强教师的事业心和责任感，引领教职工逐步形成自我调控、自我发展、自我约束、自我完善的健康成长轨迹。

案例 2 园长对教师的业务指导——观察冰块引发的思考

　　雪后的一个上午，亲切的园长妈妈走进了我们小三班，为孩子们带来了一份神秘的礼物。

"孩子们，你们看看园长妈妈给你们带来了什么？"

孩子们用惊奇的眼神望着园长妈妈手里的神秘礼物说："啊，我知道，这是冰块儿！"

"孩子们，你们真棒！那我问问你们，冰块儿是什么做的呀？"

孩子们争先恐后地说："是水做的。"

"是水做的吗？"

"冰块儿是水做的。"

"真凉"。

"冰冰的。"

"那为什么水会结成凉凉的冰块儿呢？"

孩子们都踊跃地回答说："因为天太冷了。"

"那你们想一想，我要是把冰块儿放在温暖的教室里，冰块儿会变成什么样子呢？"

这时候有的小朋友就说冰块儿会化掉，还有的小朋友说冰块儿会变大。园长妈妈说："那好，园长妈妈把冰块儿放在你们班，小朋友们和段老师一起观察小冰块儿的变化，等园长妈妈再来你们班的时候把你们的观察告诉我。"

"好，园长妈妈您早点儿回来啊！"

我默默地观察着园长与幼儿的互动，体会着应如何以幼儿感兴趣的、身边的事物为切入点，开展生成教育活动，使幼儿在玩中学，激发幼儿求知的积极性和主动性。

（来源：北京市丰台区群英幼儿园　段可昕）

 想一想

教师要想给幼儿一杯水，自己就要有一桶水。园所的园本培训制度，正是起到了构建教师培训文化，发展园本研究制度，形成教育研究文化的作用。而园长亲自参加教育教学研讨活动，并给予公正评价和善意指导是影响教师行为的主要因素之一。它能激发教师产生积极的教育行为，主动思考，不断改进和完善工作。

幼儿园要继续深化园本培训制度，逐渐形成长效机制。园长应提高业务领导的指导水平，在每次活动中与教师一起分析问题，并提出良好的建议，为教师的

改进方案引路，促进园所整体保教质量的提升。园长需发扬客观、实事求是的工作作风，用非权力影响力中知识因素的科学性、才能因素的实践性让教师对自己产生信赖感和敬佩感，为今后的管理工作奠定良好的基础。

案例3　骨干教师接待日活动

> 　　我园是具有传统文化特色的幼儿园，在"骨干教师接待日"活动中，青年教师经常反映一些具有班级特色的教学存在提问不明确的现象。例如，在自创教育活动《灯官叔叔》的课程中，教师会手举京剧娃娃问幼儿："你们喜欢京剧吗？"幼儿回答："喜欢。"其实，这样的无效提问对课程并没有引导作用。偶尔有逆反心理的幼儿回答"不喜欢"，打乱教师的教学过程，使教师难以在正常的教学时间内有效引导幼儿深入探索京剧文化。还有的教师的传统文化特色教育活动与幼儿的年龄特点结合得不够好，教学目标重结果、轻过程，使教学达不到让幼儿在快乐的活动中体验京剧文化的目的。
>
> 　　　　　　　　　　　　　（来源：北京市丰台区群英幼儿园　付静、王冬梅）

 想一想

　　案例中这样的活动，会使幼儿教师受益良多。教师不但由此提高了传统文化特色教育教学的水平，还能将这些好的教学经验举一反三地运用到其他教育活动、活动区指导等幼儿园一日生活指导中，使一线教师的整体教育水平普遍得到提高。经过一段时期活动经验的积累，幼儿园教师传统文化特色教育经验就更加丰富了，会积淀更多符合幼儿年龄特点的传统文化特色教学案例。这也使幼儿园传统文化特色的园所文化更加成熟，影响面扩大至社区、市区乃至国际。

　　幼儿园应该进一步完善园本教研制度，进一步深化组织实施"骨干带头人培养"队伍建设工程。例如，每月一次的"骨干教师接待日"活动，可逐渐解决教师在传统文化特色教育教学中的困惑内容，帮助不同层次的教师提高教育水平。通过"青蓝组合""结对子"活动，与带教教师之间互相听课、评课。新教师之间区角活动和集体活动观摩与点评，为新教师搭建学习和展示的各种平台。还可在"骨干教师接待日"中，请班级教师分享自己在特色教学中的心得体会，以点带面，把好的经验从个人体会变成群体共识。

（三）构建园本研修文化制度是制度民主化建设的动力

　　园本研修不再仅仅是教师的个人行为、幼儿园的组织行为，而是发展成为园所的管理行为。幼儿园园长要从组织体系上保证园本研修文化制度的建立，通过多样的平台肯定幼儿园教师的职业价值，增强教师团队的职业信念。

案例1 美丽的春天——健走活动

> 我们幼儿园的工会经常开展组织各类型的活动，如"迎春天发现名建筑"天坛公园健走活动。活动以班为单位，自学展示所负责的名建筑的信息，并进行知识问答。在本次活动中，教师们学到了有关中华名园的历史背景、修建年代和一些相关的历史事件。这不仅开阔了教师的视野，同时鼓励教师在活动中大胆自信地将自己学到的知识传授给他人，互相分享，互相学习。在提问和同事的引导下，广大教职工既深入了解名园，也实现了强身健体的目标，可谓一举两得。
>
> 每学期，在园长和工会主席的带领下，工会都会组织全体在职教师举行各种丰富的活动，如健走活动、红五月歌唱比赛、迎接示范园验收研讨会、新年联欢会活动等。这些活动不仅丰富了教师的业余生活，还让教师从中感受到了园所营造的温暖、祥和、自然、开放的氛围。在这种园所文化中，园长和工会主席总是把最真诚的祝福化作春风，吹送到教师的身边，把最诚的问候变成雨，飘散到教师们的窗前。幼儿园领导用最贴近生活的形式，帮助教师在一次次活动中学习、发展与成长。
>
> （来源：北京市丰台区群英幼儿园　杨菁）

 想一想

案例中工会组织的健走活动不仅达到了强身健体的目标，还让教师在运动中学到了知识，为教师的学习和发展提供了一个良好的平台。

每个园所都有自己独特的历史传统和文化，并影响着在这里活动的所有人。幼儿园在建立规章制度时，要考虑继承幼儿园的优良传统，只有这样，才能更好地发挥制度的效能，形成良好的幼儿园文化制度和氛围。在建设制度文化时，管理者也应将研修精神渗透其中，鼓励教师学习和进步，鞭策教师改进懒惰和落后的行为，让制度更好地体现和诠释园所的精神文化，营造出积极向上的氛围。

案例2 提高教育机智，发挥教师职业价值

　　有一次，小值日生发勺子的时候，我发现雷雷在和一个小朋友争夺勺子盒。看到这儿，我下意识地高喊一句："雷雷，放手，快放手，你怎么老和小朋友抢东西呢！"听到我的声音，雷雷愣了下，然后松开了手，默默走进了屋里，边走还边回头看我。

　　我以为自己又及时制止了一次打闹事件，就没再理会他。直到推饭回来的宫老师告诉我，今天是宫老师请雷雷给小朋友发勺子的，他特别希望给小朋友发勺子。这时我才意识到，其实雷雷是很热心的小朋友，愿意为小朋友服务，只是每次"犯错"都会被批评，习惯了认错，所以这次也委屈地暂时顺从了老师的"旨意"。

　　得知这一事情的真相后，我开始深深的自责。雷雷做了好事，我却批评了他，我想这在他的心里一定会留下阴影的。于是，我找到雷雷，蹲下来对他说："对不起，老师错怪你了！你是一个非常热心的、愿意帮助集体的好孩子。"听到我的话后，雷雷才又露出了开心的笑容。

　　　　　　　　　　　　　　　　（来源：北京市丰台区群英幼儿园　李萌）

想一想

　　在每次的园内教研活动和业务学习中，幼儿园领导会一直强调教师要真正走进孩子的内心世界，不要随意、武断地评价幼儿，当看到幼儿的表现时，教师一定要掌握和了解事件背后的真相。上述事件中，教师误会了雷雷，批评了他，做法显然是草率的。但教师得知事情真相后，随即做出了调整，找到雷雷并肯定了他乐于帮助集体的行为。这说明幼儿园一直注重培养教师的这种专业素养，使得教师在错怪幼儿后能够主动承认自己的错误，并肯定了幼儿的行为，帮助幼儿转换心态。

　　作为幼儿教师，我们应该树立正确的教师价值观，认识到教师与幼儿的关系是平等的，应该相互尊重。古人云："师者，所以传道授业解惑也。"教师，不只是简单的教书匠，还要教授学生为人处世的道理。在幼儿园教育中，教师是幼儿的一面镜子。幼儿教师不是教授，而是在平日生活中让幼儿潜移默化地感受。所以，教师犯了错误同样要向幼儿道歉，这也是给幼儿做出榜样，引导幼儿向教师学习的好的方法。

　　幼儿园从职业道德上的提示，还有日常对教师的一些提示，都是为了帮助教师形成良好的职业道德习惯。这不仅是幼儿园营造严谨规范的制度文化的一种表

现，更为了教师自己。因为在日常工作中，教师只有习惯了根据园里的要求来履行自己的职业道德，才能杜绝一些恶性问题，从而保护自己，也能对得起自己的良心。所以，作为教师，尤其是年轻的教师，我们更应该加强自身的师德修养。

(四)关注细节，养成良好的工作习惯

我们都知道，好习惯养成了，一辈子受用。"习惯"的养成，是有一个逐步和反复的过程的。在教职工日常工作中，园长和教师要关注细节，逐渐养成良好的工作习惯。

案例1 幼儿护理制度的完善

> 户外活动时间到啦，孩子们都在做操。只见小班在做操时，然然小朋友的小肚子露出来了。大冬天的吹着风，主任教师害怕孩子们着凉，赶紧走过去，一边提醒其他幼儿"你赶紧把裤子提好，一会着凉啦"，一边帮助然然整理衣服。
>
> (来源：北京市丰台区群英幼儿园　王谊)

想一想

家长常常十分关注孩子们的裤子是否提好、衣服是否穿好等生活细节，都希望孩子们能在生活护理方面被幼儿园教师悉心照顾好。所以教师要在一日生活的各个环节，时刻关注这些细节。尤其是小班教师，他们不但要多说多提醒，还要多指导和多帮助。

幼儿园可以为此加强保教配合，促进教师培训制度的进一步完善，制定如下园所制度细则。

第一，各班教师对幼儿的护理，最低标准是在户外不能够出现幼儿露小肚皮、衣服鞋子穿反等现象，发现一次口头提醒。

第二，发现此类的情况超三次，点名批评。

第三，一个学期累计发现五次以上，扣除本月的安全奖金，并且在大会上公开批评。

在这些细则的规范下，通过各班级间的评比、本班教师间的团结协作和对幼儿适时适度的指导，教师的责任心会逐步增强。

案例 2 教师与家长沟通的必要性

幼儿园里的李老师是一位德才兼优的骨干老师，平时工作积极热情，业务能力很强，并且承担过园里多次的观摩活动。

但就在前几天，发生了一件不愉快的事。一位爷爷气冲冲地带着 5 岁的孙子找到保教主任，原来孩子昨天回家说老师不让他玩玩具了，家长很生气地说要投诉老师，要求处分这位老师。保教主任极力安抚这位家长的情绪，保证给予适时适当的解决，家长这才走了。

之后，保教主任向李老师了解了事情的经过和真相。这个新插班的孩子近期在教育活动时总是很活跃，不仅自己不好好参与活动，还总是捣乱不让其他孩子参与。此外，在户外活动时，他不是推人就是打人，有一回甚至用小石子打人。老师也向幼儿的母亲多次反映，母亲总是向老师道歉，情况却不见改善。听到这里，保教主任不禁皱起了眉头……

（来源：北京市丰台区群英幼儿园 王谊）

想一想

通过这件事，幼儿教师能深刻地体会到：很多时候，家园之间会产生矛盾可能是因为彼此之间不好意思说，或者由于别的原因而没有及时进行交流、把问题说开，结果矛盾越积越多，最终弄得见面尴尬，互相厌烦。其实对于一些无关紧要的矛盾，只要教师稍做疏导，及时与家长沟通，就会消除误会，化干戈为玉帛。只有这样，幼儿教师才能向家长展现自己的细心与责任心，也才能更好地走近家长，使自己的工作得到家长的理解、支持和尊重。

制定规章制度是科学管理幼儿园的重要保证。园里的奖惩制度是全体教职工参与制定的，是民主管理的产物，应该是全园教职工行为的准则。要使制度具有实际意义，真正成为有效的管理手段，就要高度重视制度的执行。案例中，园长对事情的处理，体现了园长执行制度的一贯性、一致性原则。园长没有因李老师是幼儿园的骨干就搞特殊化，无视家长的抱怨而是选择了"一碗水端平"，积极了解，避免了执行制度过程中因人而异引起的不必要纷争，进一步强化了幼儿园领导以身作则、带头严格执行各项规章制度的意识，也给全体教职工做出了表率，促使他们自觉遵守幼儿园的各项规章制度。

管理者在类似事件中，可以采取以下措施：

①改进家园联系制度，促进教师有效地开展家长工作；

②加强教师岗位培训、师德培训工作的力度；

③定期做好家访工作，除了能了解幼儿家庭背景和让家长明确幼儿在园表现外，还可以互相探讨问题，一同寻找帮助和教育幼儿的办法；

④在教育过程中注重保教合一，关注个别幼儿，注重保护和增进幼儿的健康（生理、心理）和社会性交往，调整改进工作。

🌿 **案例 3** 幼儿教师与家长的沟通

> 晚上离园环节，一位年轻的家长找到元元老师，询问一些日常的教育工作。这位年轻的教师站在原地，脸上几乎没什么表情地进行着解答。家长从与她的对话中得到的是一些有效的信息，没一会儿就匆匆离开了。
>
> （来源：北京市丰台区群英幼儿园　王谊）

 想一想

与家长的沟通是幼儿园的重点工作之一。我们每一位幼儿教师在被家长问到问题的时候都应该满怀耐心、爱心、责任心，真诚地与家长进行沟通。在与家长谈论问题时，幼儿教师要保持微笑，给予家长一个满意的、明确的答案。这样才能实现良好的家园共育的作用，促进孩子们健康快乐地成长。

在这方面，管理者可调整修改制度如下：

①发现一次与家长沟通时站姿不标准，语言不亲切，口头批评；

②发现此类的情况超三次，扣除本月的效益奖金；

③一个学期累计发现五次以上，扣除本月的安全奖金，并且在大会上公开批评；

④态度不好的教师，屡教不改的扣除学期奖金。

（五）实行"三效管理"，提高教职工工作中的效能、效率、效果

管理是一个系统，也是一个过程，它涉及每项制度、每道环节、每个指令、每名管理者和教职工。在管理过程中，由于教职工情况各不相同，可能会出现分工不细、责任不清、没有记录或记录不详、职责不明确、制度不健全、管理不到位等现象。针对这些情况，幼儿园可采取"明确岗位、清楚规定、精准做事"的精细化管理（见图4-1）。

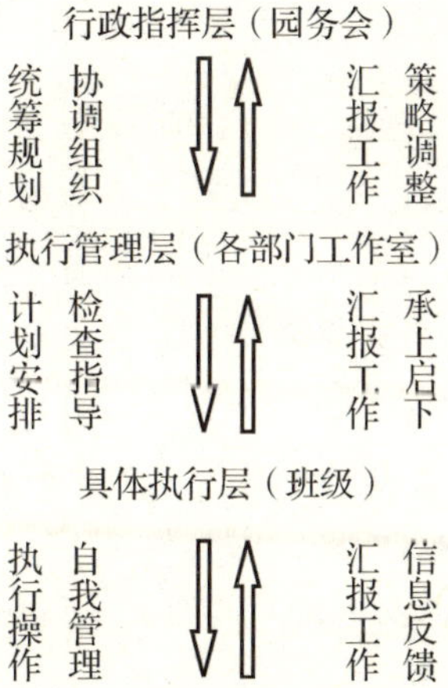

行政指挥层（园务会）

统筹规划　协调组织　　汇报工作　策略调整

执行管理层（各部门工作室）

计划安排　检查指导　　汇报工作　承上启下

具体执行层（班级）

执行操作　自我管理　　汇报工作　信息反馈

图 4-1　分层管理系列图

案例　中德国际学前教育论坛——拓展科学教育新思路，探索新方法

　　为了更好贯彻落实《3—6 岁儿童学习与发展指南》，全面提高教师的专业素养，我们幼儿园组织了"科学教育新理念新方法"中德国际学前教育论坛活动。

　　培训中，德国专家现场与教师进行互动，展示了一个关于"电流与能量"的科学教育活动。这是一场别开生面的培训，趣味十足的科学实验吸引了众多教师和专家参与到科学探索活动的过程中，现场学习气氛浓厚，大家的探究热情很高。现场答疑环节，教师们畅所欲言，与专家面对面交流关于科学活动中教师的指导方法和策略，帮助教师们解决了工作中的一些困惑。

　　我们要使本次中德国际学前教育论坛活动落地到教育实践中。就像区教委张主任在开幕式上致辞说的那样，幼儿园将国际化教育资源拿出来与大家分享，既为全市的幼教同仁搭建了国际性交流平台，又展示了我们区科学教育的研究成果。通过与国外和国内专家深度接触，全市的幼儿教师深入学习了解了国际国内先进的科学教育理念和方法，有助于提高一线教师积极的师幼互动能力，促进北京市幼儿教师科学活动指导水平的提高。

　　（来源：北京市丰台区群英幼儿园　范建华）

想一想

成功圆满地举办组织一次大型活动，是离不开全园教职工的共同配合与努力的。上述案例就是如此。活动前，园长组织了全体教职工动员大会，分配了各部门的、各人员具体负责的工作。活动中，各部门负责人、教师各司其职，及时沟通配合，随机调整。活动线束后，园长又组织反思总结，帮助教师们提升专业水平。整个活动提高了管理者的素质和工作效率，通过园所建立的工作制度和法规来保证各部门有机协调的运作，真正实行了"三效管理"，提高了教职工工作中的效能、效率、效果。

在今后的工作中，幼儿园园长还可以：

①进一步完善大型活动的制度：明确岗位、清楚规定、精准做事；

②注重细化环节，务实管理，使活动的各个环节不断精细化。

（六）工会开展各类研讨活动，实施危机管理

人们面临着各种危机，幼儿园也不例外。幼儿园工作也就像航行经常会遇到风浪一样，凡事预则立，不预则废。危机管理就是园长能有措施、有步骤、有计划地做好准备，在危机未出现时加强科学管理，全面提高应对突发事件的快速反应处置能力，提高预防和控制重大危机的管理水平。有准备、有条理的危机管理，将起到防患于未然的效果。

案例 "居安思危"大讨论活动

开学初，工会组织全体教职工进行了"居安思危"大讨论活动。在讨论中，工会主席让我们静下心来，认真思考我们现在面临的最大危机都有哪些，应该怎样防微杜渐。

教师们在讨论时各抒己见，纷纷要求发言。有的说："现在幼儿园的名声打出去了，小区里甚至不在咱们小区附近的幼儿都想来咱们园。但是如果咱们的教学质量跟不上，家长工作跟不上，慢慢地也不会有孩子来了，我们的生源就会成问题。"有的老师说："现在我们学的理论知识还够用，但随着社会的进步，家长素质的提高，如果我们止步不前，不去学习，不去充电，跟不上时代的步伐，那我们就会被社会所淘汰。"

在这次讨论中，大家畅所欲言，把自己的想法都说了出来。

（来源：北京市丰台区群英幼儿园　黄海云）

想一想

案例中的"居安思危"大讨论活动是在着眼未来、立足当前、总结过去的基础上，进行的一次思想、激情、干劲的大聚焦，开展得非常及时有效，为教师们敲响了警钟。这可以看出幼儿园工会是有预见性的，想让幼儿教师充分认识到"创建久盛不衰的名园"进程中势必充满了诸多未知的艰辛、困难和挑战。

目前幼儿园的现状是公私结合，既有大量公立园，也有大量民办幼儿园，这些幼儿园为了自身的生存与发展，经常交流学习，改进教学方式，严格管理制度。因此，　所幼儿园即使现在在区域内存在优势，有良好的口碑和生源，但是一旦松懈对教学质量的坚守和对竞争优势的追求，很快就会逆水行舟，不进而退。

幼儿教师要有危机感和紧迫感，牢固树立"忧患""危机"意识，时时刻刻找问题找差距找事做，不骄不躁，勇往直前，用居安思危的精神更好地建设幼儿园。

（七）转变管理观念，健全管理法规、制度

作为园所的管理者，园长要与时俱进，紧跟时代的步伐，不断更新和转变管理观念，更有效、更有创造性地建立健全幼儿园的各项管理制度。

案例1　"使用网络"风波

> 近期园内经常听到这样的声音："你们班这会儿有网吗？""真烦人，刚才还有网呢，怎么这么一会儿就没了。""到底什么时候来人修网啊？"或者同事之间相互学习，相互帮助，私底下自己整理一下电脑，结果导致更多的混乱、更多班级办公室的电脑无法连网、U盘传送文件致使电脑中毒、同事间因争抢网线而产生矛盾……
>
> （来源：北京市丰台区群英幼儿园　王冬梅）

 想一想

随着信息化技术的应用，越来越多的人离不开网络，而园所发展也要有网络保障：新小班要向家长发一些实时照片、视频，以安抚家长焦虑的心情；教师上传、下载资料；每天与家长的沟通、宣传，等等。

严谨的制度、人文的管理在这个时刻就显得尤为重要，上述事例则显出原有信息技术制度需要调整改进。

园所要根据实际情况不断完善信息技术制度，在原有用网时间上根据现实情况进行调整，以提升效率。幼儿园可以将全园网络重新规划布局，敦促网络管理负责人加大管理力度；对严格遵守制度的教师予以表扬，对私自安装电子设备的教师予以批评；加大园所资源库建设的力度，形成资源共享，节省教师上网查找资料的时间。

案例 2　对幼儿教师迟到现象的思考

> 清晨，教师都热情饱满地站在操场上，迎接早上来园的幼儿。这时，有一位教师风尘仆仆地跑来，头发也有些凌乱。大家向她行注目礼，她也有点不好意思低下了头。对于这种情况的出现，人们也很能理解，因为有时候难免遇到刮风、下雨以及堵车，这种因为天气等原因的迟到很正常。但是如果常常迟到，就会影响幼儿园日常的工作，也会给家长留下一个不好的印象。
>
> （来源：北京市丰台区群英幼儿园　王谊）

想一想

针对以上这种个别的现象，我们应该站在一个制度文化的角度去分析。有些教师的家离幼儿园的确有一些远，也有些老师喜欢睡懒觉。可是幼儿园的工作是一个萝卜一个坑，一个教师不正常上岗，一个班级就会乱套。由此可见，幼儿园的制度文化要有一定的实效性。幼儿园管理者可以进一步引导鼓励教师按时按点上岗，积极完成一日的教育教学工作。为此，园所管理者要具体问题具体分析，调整管理策略。

园长可以调整原有制度，给迟到次数多的教师以惩罚，给不迟到教师以表扬和奖励，具体可参考以下措施：

①一个月迟到一次的教师，考虑到堵车、雨雪天气等，酌情惩罚或不罚；

②一个月迟到三次以上的教师扣本月的全勤奖；

③一个学期累计迟到十次以上的教师，整个学期的效益奖金减半；

④奖励一个学期都不迟到的教师，给予学期全勤奖的鼓励。

案例 3　适宜的教师服装

> 一天，保教主任在巡班时，看到王老师穿着低腰裤带操，便当面对王老师说明其行为已违反了幼儿园的规章制度，需要按规定接受处罚。不料王老师嘴

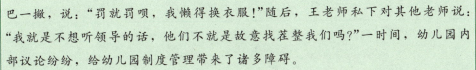

巴一撇，说："罚就罚呗，我懒得换衣服！"随后，王老师私下对其他老师说："我就是不想听领导的话，他们不就是故意找茬整我们吗？"一时间，幼儿园内部议论纷纷，给幼儿园制度管理带来了诸多障碍。

（来源：北京市丰台区群英幼儿园　王冬梅）

 想一想

事实上，类似的情况可能在很多幼儿园里都会出现。制度是幼儿园的"法"，是幼儿园各项工作正常运转、良好工作秩序建立的保证。合理的规章制度对幼儿园有关人员的政治方向、价值观念、思想品德、行为和生活方式的选择，有着直接的规范与导向作用。但是，如果制度不合理、执行不严格或教职工不认同，则会出现上述案例中的情况，引起幼儿园秩序的混乱，造成严重的负面影响。

首先，教职工要明确幼儿园制度文化建设的重要意义。

幼儿园制度文化建设在幼儿园发展中有着十分重要的意义，这是需要所有幼儿园教职工明确的。在建立、修订制度之前，幼儿园领导应召集全体教职工召开研讨会议，帮助他们明确幼儿园制度文化建设的重要意义。

其次，教职工参与制定、修订制度。

幼儿园在制定、修订制度时采取的方式是发动全体教职工参与讨论，鼓励人们献计献策，在统一认识的基础上制定出合适的制度。教职工参与制度的制定，会使制度有更大的民主性和群众性，进而有更强的可行性。

最后，结合园所历史传统，体现园所优秀制度文化。

每个园所都有自己独特的历史传统和文化，并影响着在这里活动的所有人。幼儿园在建立规章制度时，要考虑继承幼儿园的优良传统，这样才能更好地发挥制度的效能，形成良好的幼儿园文化制度和氛围。例如，教师的刻苦学习、积极进取是幼儿园的一个良好传统，在建设制度文化时，幼儿园管理者也要将这一精神渗透其中，鼓励教师不断地学习和进步。

案例4 实行"三效管理"，提高中层管理干部工作中的执行力

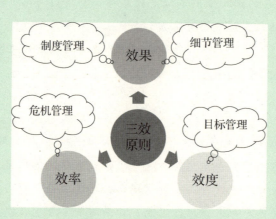

图 4-2 "三效管理"图

幼儿园的中层管理干部是落实幼儿园发展规划、贯彻幼儿园战略意图的实践团队，是幼儿园发展的领头兵。幼儿园执行力的强弱，直接系于中层干部的工作开展情况。园长在提高自身执行能力的同时，更应当重视对部属执行力的培养，促进中层干部在具体事务中的有效执行能力，这是促成幼儿园发展战略、人才资源、管理流程有机结合的关键环节。

幼儿园应当合理设置职能部门和中层干部职位数，采用科学民主的选拔机制，任人唯贤，使有志于园所发展的人才都有机会充分参与，贡献自己的智慧和力量。在任人和用人方面，管理者可以采取"扬长避短"的方法，在分工时根据每个人的个性爱好、能力特长对人才与岗位做最优化组合，力求发挥每个人的长处和优势。

实践工作会受各种主客观因素的影响，园长与中层干部所想所做有时并不能有效地统一起来。另外，并非每位中层干部都能很好地理解上级的意图，观念的不统一可能就会导致行动和结果的差异。这就需要双方及时地进行沟通，调整行动。

中层管理者在执行幼儿园决策的过程中出现执行偏差或"疲软"状况，这些都是非常正常的。在执行出现偏差时，应当正确理性地看待和分析问题，园长和中层干部要加强沟通，积极引导，将问题和矛盾转化为成员吸取经验教训、增长才干的契机，最终实现解决问题的目标。在执行推不动的时候，领导可以

采取"三效管理"策略，激发下属的工作干劲儿，促使大家心往一处想、劲儿往一块使，执行力自然也就会提高了。

我们幼儿园有一整套具体可行的规章制度，以保障各项工作的顺利进行。幼儿园注重对中层以上的干部在实践中科学工作理念和科学工作方法的引领和培养，在工作上给予他们具体的指导，并且通过制度管理，从宏观调控上多层次、多角度切入，同时要求大家要以"细节管理""三效管理"的工作理念为指导，注重"布置安排→落实实施→检查评价"的工作流程，有效地提高了中层领导干部的工作能力和工作水平，形成了扎实务实的工作作风。我们的干部队伍结构合理科学，分工精准细致，执行力强，创新出台了幼儿园中层管理执行力记录表（见表 4-1）。

表 4-1　幼儿园中层管理执行纪录表

群英幼儿园管理部门月工作记录表		
执行人：　　　年　月		
计划与重点		
重点工作		
执行与操作		
策略预设	执行操作	
检查与落实		
检查指导	落实情况	尚需政策和未先事宜
经验与提升		
收获	提升管理经验	

（来源：北京市丰台区群英幼儿园　范建华）

☕ **想一想**

案例中的幼儿园在实行"三效管理"后，不但中层管理干部在工作中的执行力大大提高了，连教师们的关注点也改变了：

注重教育教学结果→关注幼儿发展

注重教学形式化→关注自身专业化发展

注重个人利益→关注幼儿园整体发展

教职工关注点的变化最终使教师的人生观、价值观得到了提升与改变，有效地促进了"以人文本"的制度文化建设的顺利开展。

对于幼儿园来说，没有执行力，就没有竞争力；对于管理者而言，没有执行力，就没有管理能力；对于教师队伍而言，没有执行力，就没有方向和进步。毫不夸张地说，执行力贯穿幼儿园的各项管理工作，它决定了园所的发展空间和前景。提升幼儿园的管理执行力是园所进行有效管理的重要手段和途径，只有管理者在实践工作中不断思考，努力探索，积极创新，才能确切提高园所的管理执行力，真正实现"1+1＞2"的目的。

第五章 幼儿园精神文化建设

幼儿园文化是将幼儿园全体成员凝聚在一起的强大的精神力量，也是幼儿园的品牌形象，它对全体教职工和幼儿产生着潜移默化的陶冶作用。自觉主动地创建和发展园所文化，能够增强幼儿园自身的凝聚力，提高保育教育效果，也能够对幼儿、家长、所在社区以及整体社会产生感染作用。在实践中，幼儿园文化的各要素可以在幼儿园的创办和发展过程中自然产生，但在激烈竞争的信息时代，更要特别强调自觉主动地创建和发展独特的园所文化。

第一节 对幼儿园精神文化的认识

一、幼儿园精神文化的含义

精神文化是在物质文化基础上产生的一种人类所特有的意识形态，是各种意识观念形态的集合。由于精神文化是物质文明的观念意识体现，它在不同的领域有着不同的表现和含义。

二、幼儿园精神文化的基本特征

精神文化的优越性在于具有人类文化基因的继承性，以及在实践当中可以不断丰富完善的待完成性。这也是人类文化精神不断推进物质文化的内在动力。

精神文化是制度文化的核心、目标、依托和宗旨，制度文化是精神文化固化的外显，是精神文化传承的参考与发展过程的记录。

三、幼儿园精神文化建设的重要性

精神文化的力量深深熔铸在一上民族的生命力、创造力和凝聚力中。幼儿园精神文化是一种环境教育力量，是反映着园所教职工的生活方式、价值取向和行为规范的精神氛围。园所精神文化对幼儿的健康成长、教师的发展有着巨大的影响。园所精神文化建设的终极目标就在于创设一种氛围，陶冶师生情操，构建师生健康人格，全面提高师生综合素质。

第二节　精神文化建设的基本原则和实施途径

一、幼儿园精神文化建设的基本原则

(一)整合性原则

精神文化建设是将教职工在工作、学习、生活中的零散行为，通过园所精神文化进行凝聚、整顿和重新组合，使本来无意义的事物变得有意义起来，让单一的、看来无意义或意义不大的事物获得超值的效果。其精髓在于将零散的要素组合在一起，并最终形成有价值有效率的精神文化整体。

(二)创新性原则

创新是指以现有的思维模式提出有别于常规或常人思路的见解为导向，利用现有的知识和物质，在特定的环境中，本着理想化需要或为满足社会需求，改进或创造新的事物、方法、路径、环境，并能获得一定效果的行为。

园所精神文化建设要通过不断的更新创造，改变推进现有文化。园长要能够综合运用已有的知识、信息、技能和方法，敢于提出新方法、新观点，坚持独立思考，说自己的话，走自己的路。

二、幼儿园精神文化建设的实施途径

(一)园所文化特色内涵与现代信息化教育管理理念的整合

追求园所文化特色是现代教育改革与发展的内在需求，也是幼儿园进一步发展的动力。发展历程、所处地源等因素的差异，使每所幼儿园都有着各自的特点。幼儿园要通过自己的办园实践，将园所文化特色内涵与现代信息化教育管理理念整合，不断丰富和拓展办园特色的内涵。

1. 运用多种方式，推动教师整合园所文化特色与现代教育理念

　案例　四季不同的主题式探究活动

"主题"是探究活动的核心，它既表明幼儿将要参与的系列活动，又是教师选择组织学习的内容、开展教育教学过程、创设环境的引航灯。探究的主题要源于幼儿生活和兴趣的需要。

万物复苏的春天

春季大地复苏，生机盎然，幼儿园里小溪随着天气的转暖开始融化，嫩绿的小草带着泥土芳香钻了出来；小山坡上的树木也都睡醒了，长出了柔嫩的枝丫；小鸟们在这片绿色中搭起了一个个小家；小昆虫们也悄悄地进入小朋友的视线，蠢蠢欲动，对大自然的变化充满好奇。

在这个生机勃勃的春天里，孩子们来到园中云雀园里观察树木和花草的变化。幼儿园结合春季的特点，组织教师开展研讨活动；根据各年龄班幼儿的特点，细心选择幼儿感兴趣的户外探索活动。例如，中班活动"可爱的小蚂蚁"，契机是户外活动的时候孩子们观察到已经有小蚂蚁在草地上爬来爬去了。孩子们非常兴奋，回到班里之后，我们一起观看蚁穴的图片，了解蚁后和工蚁的分工。在活动区，很多孩子自主地选择了橡皮泥和废旧物制作起了蚂蚁。这些蚂蚁生动形象，有的在搬豆子，有的在说悄悄话，还有的在睡觉。看到这么多可爱的小蚂蚁，我和孩子们一起制作了一幅特别有意思的"蚂蚁之家"，将其布置在"自然角"，为"自然角"增添了生动的色彩。

除此之外，我们和孩子们一起亲近大自然，积极与社区环境"对话"，组织"我为花园种棵树"亲子植树活动，体验劳动的乐趣，激发幼儿爱幼儿园、爱社区的情感。家长与孩子一起劳动，有的松土，有的小心翼翼地扶住小树，有的帮种好的小树浇水，忙得不亦乐乎。这次开展的种植活动不仅加深了幼儿的绿化环境意识，又让幼儿多了认识一些植物的名称，观察到了植物的变化，同时也促进了师幼之间、家长与幼儿之间的互动，使幼儿对种植活动更加感兴趣。

多姿多彩的夏天

夏季幼儿园充满着多姿多彩的情趣：操场上，教师和幼儿一起拿着水枪相互嬉戏；水沟旁、沙坑前、藤萝架下，处处都有幼儿戏水的欢笑声。我们紧紧抓住幼儿爱玩水这一特点，满足幼儿的好奇心，尊重他们对自然事物的兴趣。为了加深孩子们对水的特性的了解，幼儿园结合夏季设计了一系列由浅入深的玩水活动，把孩子们无意识的戏水引导成为一个个生动有趣的认识探索过程。利用幼儿园沙区旁边的栅栏木墙，教师们用废旧饮料瓶、管子等制作旋转玩水的游戏材料，既使幼儿感知了水的流动性，又满足了玩沙幼儿游戏时需要水却不方便寻找的困难，真是一举两得。

下雨了，我们带着孩子穿上雨衣和雨鞋，打上雨伞，来到户外听雨声、踩水坑。我们还把小乌龟带到户外开展"小乌龟怕不怕雨"的探索活动，让幼儿带着问题边玩边思考，提高幼儿感受的有意性。雨停了，我们又和孩子一起来到户外寻找蚯蚓，在观察蚯蚓外形特征的基础上，感知蚯蚓的特性。例如，蚯蚓断了是否还能再生，蚯蚓的松土特性。与班中的"自然角"相结合，我们在一个鱼缸的土中放入蚯蚓，一个不放，引导幼儿观察土的变化。我们又将断了的蚯蚓饲养起来，观察蚯蚓自我修复功能。其他活动还有小班的"花开了""西瓜船"，中班的"水气球对对碰"，大班的"会流水的瓶子"……

看，这是幼儿园大班小朋友开展的水枪大战的游戏！游戏前孩子们自由分成两组，自己起队名，定规则。游戏中出现问题时，他们一同商量如何才能躲避另一队小朋友的射击，活动后又一起分享经验。孩子们在相互合作的玩水科学游戏中，既增强了动手动脑解决问题的能力，又锻炼了观察及灵活躲闪的能力。

丰富多彩的户外玩水活动顺应了孩子的天性，为他们提供了游戏的空间，使幼儿在轻松、愉快、自主的氛围中与水亲密接触，尽情探索水的奥秘。生活中的科学奇妙深广，只要幼儿喜欢探索，他们时时处处都能有新的发现、新的收获。

硕果累累的秋天

秋天是收获的季节，幼儿园的云雀园里满是丰收的气息。柿子树、苹果树、石榴树都已经硕果累累。其中，黄澄澄、沉甸甸的柿子更是挂满枝头，引来了孩子们一阵阵的欢呼。在老师的带领下，孩子们有的抓住枝丫让伙伴们采摘，有的三五成群比赛对谁摘的柿子大。这样的活动不仅能让孩子们感知秋天，感知自然，更重要的是让孩子们有了亲身采摘果实的经验，感受到了劳动与丰收的喜悦，同时培养了孩子们独立动手与相互合作的意识。

一阵秋风拂过，幼儿园操场上的银杏叶、杨树叶、梧桐叶纷纷落下，孩子们在满地的树叶里跑来跑去，踩在树叶上只听见"沙沙沙"或"吱嘎吱嘎"的声音。这时，捡树叶、拔树根成为孩子们钟爱的游戏。他们乐此不疲地进行一次次尝试，在与自然环境的互动中，更直观和生动地感知秋天的季节变化，享受自主探索周围世界带来的乐趣！

银装素裹的冬天

冬天，雪花纷纷扬扬地从天空中飘落下来，幼儿园的屋顶上、松树上、滑梯上洁白一片。幼儿园的房角也挂起了一串串冰柱，吸引了孩子们的好奇心。窗户上美丽多姿、晶莹剔透的窗花更是为白茫茫的冬天带来了生机，激发了幼儿探索大自然的兴趣。

打雪仗、堆雪人的冰雪游戏吸引着幼儿来到户外参与活动。大班的孩子们兴致盎然地堆雪人，尽情创造着自己心目中的雪天使：你来给它添鼻子，我来给它戴帽子；你来给它安嘴巴，我来帮它戴手套……孩子们互相合作，互相帮助，沉浸于堆雪人的快乐中。中班打雪仗的游戏更是让幼儿兴高采烈，孩子们用自己独特的方式表达着自己对老师和小朋友的喜爱：你追我赶，你乐我笑，在雪白的地上印下了一排排的小脚印。孩子们抓起一把雪向空中抛去，还有的用小脚踢一下小树，树上的雪花便纷纷扬扬落了下来，引来一阵欢笑声。

雪地里的活动，激发了孩子求知的积极性和自主性。他们在与自然环境的交互作用下，进一步感受雪的特性，加深了对冬天的认识，也锻炼了身体。此时此刻，孩子们更充分地体会到了成功的快乐、合作的快乐。

大自然多么美好啊，让孩子们在大自然的怀抱中尽情释放自己的童心和童乐吧！

（来源：北京市丰台区群英幼儿园　钱晓凤、张晴）

 想一想

园长要善于根据幼儿园发展的需要，选择科学的、适宜的、有充分研究实践过程和发展价值的教育课程，亲近自然，包容开放，为园所发展和幼儿发展服务。需要明确的是，幼儿园在教育内容和目标取向上应该是多元的。

2. 整合地方传统文化特色、周边社区和家长优质资源

案例 **运用家长资源开展富于传统文化特色的教育活动**

在具有传统文化特色的幼儿园中，教师们面对传统文化教学，总感觉自己传统文化的专业技能不足以支撑教育教学。园长想到在幼儿园小班的家长中，就有一对老夫妻是京剧学院的戏剧老师。何不利用家长优质资源，把京剧老师请来，为幼儿园教师的传统文化特色教学提供专业支持呢？于是，园长就把想法和两位京剧院退休的爷爷奶奶说了。没想到两位老人听了以后十分感动，说："发扬国粹的事，就算您不请我们，我们也想为幼儿园尽微薄之力呢！园长

如此重视京剧，我们一定要尽我们的能力，多向老师们宣传一些京剧文化、京剧知识和京剧人传承下来的精神。"

这天中午，两位京剧里的悟空、红娘，现实生活中的爷爷、奶奶，精神矍铄地为幼儿园教师开展了一次精彩的京剧培训活动。在活动中，京剧老师们为我们讲解了京剧人"冬练三九，夏练三伏"的持之以恒、不怕苦累的坚毅品质。他们为了台上的演出精益求精，在台下会苦练技术。压腿、吊嗓子、练身段……无论刮风下雨，他们都从不懈怠。随后，京剧老师们为我们表演了戏剧小段《拾玉镯》和《大闹天宫》。京剧老师的身段、唱腔与伴奏合作得天衣无缝，每一个眼神都充满了灵动与故事。在我们聆听了京剧老师刻苦练习的事迹，欣赏了他们的精湛表演后，京剧老师还教了教师化妆的技巧与猴棍的三种基本耍法。

两小时培训，对我们来说真的是很短暂。但在这两小时中，我们感受了京剧人严谨的态度和敬业的精神，感受到了他们对京剧事业的热爱。同时，我们还发现了京剧的博大精深。最后，在我们依依不舍的掌声中，这次精彩的京剧培训结束了。

（来源：北京市丰台区群英幼儿园　付静）

想一想

在这样有趣好玩的培训活动中，教师不仅收获了专业方面的知识，更是对民族的精神和文化的精神有了更深的感触！老先生们对京剧的热爱和执着、对京剧传承的希望，让我们很受感动。案例中，家长进园当老师，着眼于京剧文化教育在幼儿园的日常生活中的渗透，也为园所发展做出了贡献。幼儿园则做到了充分利用家长资源，为教师进行了一次生动的传统文化培训。

（二）园所发展实际需求与周边资源的整合

利用资源整合来扩大园所影响，看似简单，实则复杂。但是一旦把资源整合这件事情做好，园所的运营也会变得轻松。将地方文化融入幼儿园教学，让幼儿能从小接触最亲近的文化，了解身边与众不同的地方，这不仅能使幼儿感受到身边人用聪明才智创造出的灿烂文化，培养他们对地方文化的认同和喜爱，还能增强他们的乡土情怀和爱国主义情操，帮助他们树立民族自信心和自豪感。

案例 1　充分利用周边资源，与园本特色教育相融合

　　一所幼儿园好的发展仅靠幼儿园自身的资源是远远不够的，也要充分利用好周边的资源。在办园理念建设初期，我国园长就充分抓住了幼儿园周边资源。北京京剧院位于丰台区南三环，与我们群英幼儿园相邻。京剧是中华民族的艺术瑰宝，以其无限的艺术魅力被称为"国粹"。京剧用歌舞演绎故事，是对文学、音乐、舞蹈、武术、杂技等各艺术行类的综合体现。京剧的行当有"生、旦、净、丑"，京剧的"四功五法"分别是"唱、念、做、打"和"手、眼、身、法、步"。幼儿园以传统文化为载体，京剧为亮点，让幼儿体验和感受京剧的魅力，使京剧成为自身的办园特色。

　　要想让幼儿更好地体验京剧，感受京剧，教师就要先了解京剧。可是，80后、90后的年轻教师们对京剧缺乏足够的认识，甚至在电视上看到京剧时就会立刻转台。所以园里利用了很多资源，想了很多办法来调动教师的积极性。幼儿园请来了京剧院的演员进行演出，教师们都被京剧演员的唱腔和身段吸引住了。我们还开展了"京剧常识我知道"活动，以班级为单位，每周介绍什么是京剧，使大家从行当、"四功五法"、乐器、服饰等方面慢慢地了解京剧。逐渐地，教师接受了京剧，也喜欢上了京剧。

　　通过这几年的悉心研究，我们幼儿园的教师将京剧与五大领域相结合，创编出富有群英特色的传统文化活动。例如，音乐活动《卖水》将京剧念白与奥尔夫音乐十六宫格相结合，让孩子们掌握念白的节奏；科学活动《芝麻官叔叔的帽子》通过给芝麻官叔叔制作帽子，让幼儿了解平衡意义；体育活动《武松打虎》，让小班的孩子在创设的京剧鼓声中进行快慢交替跑游戏。教师们通过和京剧专家们的反复研究，创编出了京剧韵律操，使孩子们在操节中体验了京剧的"手、眼、身、法、步"，深受孩子们的喜爱，也得到了家长和同行的肯定。

（来源：北京市丰台区群英幼儿园　曹可洁）

想一想

　　案例中的幼儿园充分利用周边资源，借力开展传统文化特色活动，既有传承又有创新，实现了"共赢"，为幼儿园的特色发展之路奠定了基础。该园选择京剧作为幼儿园的园本特色开展研究，将京剧文化渗透于幼儿园的环境和教育活动之中，教师充分挖掘京剧文化中的各种艺术表现形式、手段，将其融会于日常的教

育活动中，使幼儿在感受体验探索创新的同时，提高了审美能力，激发了幼儿对中国传统文化京剧的喜爱。

案例 2　参与各类表演活动，展示特色研究成果

　　幼儿园园长善于发掘幼儿园周边的教育资源。例如，我们园与北京京剧院成为共建单位，聘请北京京剧院的专家为幼儿园艺术顾问。2010 年，梅葆玖老先生就曾为我园的京剧特色亲笔题词："丰台群英幼儿园，体验京剧艺术，熏陶传统美德"。同时，我园开展了丰富多彩的京剧艺术活动，成立了"群英娃娃京剧艺术团"，每周邀请京剧院的老师与孩子们一起玩京剧，使感受戏曲艺术、中国传统文化成为幼儿园的突出特色，教师们和家长们也都发现了孩子们惊人的变化。

　　幼儿园通过参与各类市区表演活动，展示了园所特色研究成果。例如，幼儿园带有京剧特色的"水旗操"节目，代表街道参加了全民运动会入场式。活动中幼儿大胆自信地表演了水旗操，充分展示出幼儿园传统文化研究成果，赢得阵阵掌声和多家媒体的关注。"六一"前夕，我园应邀参加了"第三届戏曲文化节"。幼儿园领导高度重视，将幼儿园小朋友与梅葆玖老先生同台演出的"贵妃醉酒"与现代元素相结合，重新加以改编。舞台上，小演员们美轮美奂的舞姿、大胆自信的表演，受到各级领导及万泉寺师生的一致好评。我园还在北京市文联参加了"京剧启蒙进社区"公益活动启动仪式。活动在嘹亮的国歌声中开始，北京群英幼儿园小演员们表演的"奇袭白虎团"，将中国人民志愿军的英姿威武地展现在舞台上。

（来源：北京市丰台区群英幼儿园　范建华）

想一想

　　资源的利用是相互的，不但要"请进来"还要"走出去"。因此，幼儿园要充分利用各类活动整合资源，以促进幼儿均衡全面的发展为目标。案例中，京剧学习、参与各类表演活动增加了幼儿的自信和勇敢，增强了幼儿解决问题的能力。教师在指导幼儿的同时，也提高了自身的传统文化教育水平，提升了教师、家长、幼儿的向心力，还传承了中国传统文化，宣传了园所文化，为园所打造积极进取的精神文化奠定了基础。

（三）通过建立学习型组织，引导教师朝目标发展

幼儿的身心和谐发展显现于一日生活的质量，体现在一日生活的每个环节当中，关系到每个家庭的幸福快乐。教师负责的不仅是幼儿本身，更是肩负着对一个家庭的教育宣传指导之责。幼儿园应注重培养每个教师的专业教育教学水平，关注幼儿一日生活质量是否到位，是否合理安排了一日生活中的各个环节，是否注重保教结合，能否根据幼儿的年龄和身心发展的特点和需要给予适宜的指导，从而引发孩子的各种思考，提升幼儿的逻辑思维能力。幼儿都是活泼好动、好奇心强的，教师应因材施教地关注和尊重每个幼儿，了解每个幼儿的心理特点，给予孩子恰当的指导，用专业的行为赢取孩子的喜爱。例如，教师在教儿歌、讲故事、做游戏时，应采取多种多样的教学方法，时常变换游戏形式，带领幼儿发现新奇的事物等。开展教育活动时，教师可以运用各种多媒体教育课件，与幼儿展开多途径多形式的游戏教学。这样，既能激发幼儿浓厚的兴趣，丰富课堂色彩，又能在实践中积累教学经验，赢得孩子的崇拜，也能得到家长的认同，促使班级工作园所工作顺利开展。

幼儿园管理者要组织多种学习活动，建立学习型组织，不断提高教师专业素质，引领教师朝着目标全面发展。

案例　学习社会主义核心价值观活动

为了进一步学习和贯彻党的十八大精神，群英幼儿园积极响应教委统宣科的号召，开展一系列学习和宣传活动，使社会主义核心价值观为广大教师所理解、掌握和遵循。

园党支部组织全体教师开展社会主义核心价值观的学习，意在使大家充分了解社会主义核心价值体系的基本内容和重要意义。学习会上，园长分别从国家层面的"富强、民主、文明、和谐"，社会层面的"自由、平等、公正、法治"，个人层面的"爱国、敬业、诚信、友善"三个层面，结合幼儿园"温暖、祥和、自然、开放"的办园理念，对社会主义核心价值观做了详细讲解。

幼儿园倡导全体教职工将社会主义核心价值观与幼儿园园所文化构建联系起来，将社会主义核心价值观落实到实际工作中，用实际行动充分体验社会主义核心价值观的内涵实质，做到学有所成，有所作为。

除此之外，为了加大向家长、社会宣传的力度，幼儿园还通过在户外电子屏、幼儿园宣传栏、幼儿园门口致家长一封信等形式形式宣传社会主义核心价值观的基本内容，认真做好学习和宣传工作。

（来源：北京市丰台区群英幼儿园　王冬梅）

想一想

园所的发展离不开教师，教师的发展离不开思想的引领。幼儿园不但要注重对教师在业务、教研、师德等方面的学习培训，还应该注重对教师在思想上的引领。园长可以通过建立学习型组织，引导教师朝目标发展，通过政治学习端正教职工的人生观、价值观，引导教职工树立"学习为本"的理念。同时，园长要为教师创造通过集体与自学、小组结伴学、外出参观学等多种方式学习相关知识的条件。

（四）打造团队精神，共同制定目标

幼儿园要注重组织实施队伍建设工程，促使教师清晰地认识自我，努力地发展自我，打造团队精神，形成对共同行为的价值认同。

案例1　"青蓝组合"活动

幼儿园开展"青蓝组合"活动，旨在充分发挥区、园级骨干教师和名师的传帮带作用，使青年教师在其指导下实现师德和专业化水平的同步提高，尽快富有特色地开展教育教学工作，成为学有专长、教有特色的优秀教师，实现幼儿园教师队伍素质的动态整体提升，全面推进幼儿园师资队伍建设。

幼儿园通过"自由结对→园所统筹→征求意见→签订协议→开展活动"的结对程序，采用"一带一""一带多"的结对形式开展这一活动。

"青蓝组合"工作由教研主任负责管理，年级组配合开展活动。幼儿园建立了"青蓝组合"档案，记录师徒成长历程，将其作为晋职、评优的参考依据。根据"青蓝组合"实施方案和协议要求，幼儿园会对师徒结对工作进行目标考核，强化对"青蓝组合"进行的捆绑式管理、考核与评价。

（来源：北京市丰台区群英幼儿园　顾萌）

想一想

骨干教师是幼儿园教育教学的宝贵财富。骨干教师自然有他们的优势，如教学经验丰富、看待教育问题或现象独到深刻等。但是，青年教师也具有自身的优势，如思维活跃、精力充沛、对现代教育技术掌握熟练等。新老教师相互配合，优势互补，能更有效地促进教师队伍素质的提高。在"青蓝组合"工作中，师徒双方一起学习新的教育教学理论，通过相互听课、评课、说课等活动形式，共同探讨和研究教育教学中遇到的问题，寻找解决的方法，不断改进与完善自身的教育教学方式。这种方法，对幼儿园精神文化建设很有价值。

案例 2　在学习中成长

每年，新晋教师都有类似的反映：不太适应走出学校后在幼儿园的角色转换，理念与实践不能良好对应，不能互相促进和相互合作。为了提高新教师的专业基本功与教育教学水平，使新教师的专业技能技巧得到锻炼与提升，尽快熟悉岗位工作，快速成长为合格优秀的幼儿教师，幼儿园针对年轻教师组织了"学习中成长"等系列活动，实施了一套有效的学习提升、展现自我的精神文化管理措施。

第一，师带徒。骨干教师与新教师"一带一""一带多"结对学习，组建"青蓝组合"。这一措施的重点是为新教师提供"如何组织幼儿园一日活动"的指导。

第二，集中学习。由骨干教师组织专业基本功及教材教法、教育理论等方面的培训。

第三，个人自学。新教师自学《3—6 岁儿童学习与发展指南》、幼儿园班级管理、幼儿园工作规程等内容，并做好笔记，勤于反思，多写心得体会。

通过学习与提升，新教师普遍回应个人能力有了很大程度的提高，不仅在基本的备课、观察笔记、教学评价上有所收获，也在教育教学经验上得到了不同程度的积累。新教师们说："以后如果有人来观摩，就再也不会紧张了。"

（来源：北京市丰台区群英幼儿园　顾萌）

 想一想

园所的蓬勃发展离不开日日的更新，年年的发展，而新生力量的加入更会促进幼儿园的创新和发展，使其日益蓬勃。但是，幼儿园随之也会面临新教师经验不足、教学水平参差不齐等问题。所以，为了渗透幼儿园润物细无声的园所精神文化的管理，为了加快幼儿园素质教育进程，尽快建立一支高素质的、能适应教育教学改革的教师队伍，提高全体青年教师实施素质教育的能力水平，幼儿园把培养青年教师的工作当作一项关系到幼儿园发展的战略任务来抓。

幼儿园通过建立学习型组织，举办"学习中成长"等活动，引领教职工树立"终身学习""学习为本"的理念，这是很有必要的，值得借鉴。

案例 3 加强青年教师队伍建设，促使教师努力地发展自我

幼儿园的年轻教师对于工作都很积极热情。例如，26 岁的张老师，性格好，责任心强，逐渐从一名普通的年轻教师成长为一名班长。张老师虽然才工作五年，但已两次获得了园里的优秀教师奖项，得到了领导和同事们的一致认可。幼儿园因为考虑到张老师对大班幼儿年龄特点比较熟悉，所以让张老师连续带了两年大班。在这个过程中，张老师不断地学习《幼儿园教育指导纲要(试行)》《3—6 岁儿童学习与发展指南》等，并且阅读相关书籍扩充专业知识。

幼儿园还多次给张老师提供锻炼的机会。2015 年，张老师参加了半日评优活动。在这个过程中，张老师不断磨炼自己，反复推敲，有问题及时调整，在大家的认可下胜任了年级组长工作。担任了年级组长后的张老师工作更加认真，在教研活动中带动同事积极思考，努力配合园里工作，勇于承担任务，实现了个人的职业成长。

（来源：北京市丰台区群英幼儿园　张晴）

 想一想

园长要事先思于人，先说于人，先行于人，具有大局意识和奉献精神。园长在培养和选拔有能力的教师时，要坚持德才兼备、以德为先的原则，公开公正的原则，竞争择优的原则，群众公认、注重实效的原则，自主报名和幼儿园推荐相结合的原则。案例中，被大家推荐出的张老师虽然年轻，但是经过努力，综合考核成绩十分优秀，教师和领导都很认可她的工作态度和工作能力。

案例 4 提升教师专业能力，打造进取的精神文化

　　小二班有个叫成成的小朋友，他性格内向，身体也不太好，但是是一名学习能力比较强、与同伴相处友爱谦让的孩子。

　　有一天，教师带孩子们户外活动，室内和室外的温差有点大，教师提示幼儿穿外衣。成成的外衣太长，他不愿意穿。因为他身上穿了厚的毛衣和帽衫，教师就允许他可以不穿了。游戏时，成成的奶奶在园外一直看着成成活动和游戏。晚上成成奶奶接他时，留下来对班里的王老师说："王老师，下次户外活动时您给成成穿上外套吧，这孩子身体抵抗力差。"王老师将这件事告诉了班长老师。

　　第二天早上，班长迎接孩子入园时，对成成奶奶说让她为成成准备一件棉背心或者短点的外衣，并耐心地向她解释了昨天孩子不穿外套出去活动的原因，还讲解了一些秋天幼儿保健的知识。成成奶奶听完解释后，不好意思地笑了，主动说误解王老师了，向王老师表示了歉意。

（来源：北京市丰台区群英幼儿园　李萌、顾萌）

 想一想

　　教师需要积极主动地与家长沟通。幼教机构是服务于社会，服务于每个家庭的，家长工作是幼儿园的重要工作之一。作为幼儿教师，我们专注于孩子是必需的，但同时要注重对家长的教育宣传工作，这也是体现幼儿教师专业能力的地方。教师应加强与家长的沟通，了解家长对孩子教育的需要。当家长的教育观念有偏差时，教师更应该为他们宣传科学前沿的教育理念和行为，不回避或者抱怨，而是以积极的态度主动和家长沟通，这样才能得到家长们的理解和对班级工作的支持。毕竟，家长和教育工作者的目标都是为了幼儿体、智、德、美的全面发展。

（五）以人际性引领，形成尊重和信任的精神文化氛围

　　幼儿园的发展离不开教师，教师的成长促进着幼儿园的发展。幼儿园要培养教师的专业技能，发展每个教师自身的优势，使教师在相互学习、相互欣赏中增加了解与信任，为形成圆融积极的园所精神文化奠定基础。

　　幼儿园应当组织多种活动激励、赞赏教职工，增进相互间的信任，以良好的人际性引领为抓手，逐渐在教师中形成相互尊重和相互信任的精神文化氛围。同时，幼儿园要架起交流沟通的桥梁，通过沟通与反思，逐步确立教师的共同愿

景，促进园所的精神文化建设。

 案例1 教师专业特长培养

> 为了能使园内教师熟练运用 PPT 及 Word 文档等办公软件，开学初，幼儿园安排园级骨干教师张老师参加丰台区信息中心组织的计算机培训，并任命她为园信息技术组的组长，负责组织全园教师信息技术培训工作。幼儿园鼓励张老师将外出学习获得的这方面的方法、技巧与大家分享，发放教师调查问卷，了解教师在信息技术方面急需解决的问题，制订培训计划，开展信息技术培训活动。
>
> （来源：北京市丰台区群英幼儿园　张晴）

想一想

案例中，幼儿园管理者站在教师的角度，帮助教师在不影响自身工作的情况下解决了一个实际问题。在教育教学活动中，多媒体的应用越来越广泛，不少的教师却只会一些简单基本的操作，不能使其发挥更大的作用。针对这一现象，园领导找出了解决方法，大胆启用青年教师，给任务，压担子，捕捉教师身上的闪光点，为其创造学习空间，鼓励她学习后再把内容分享给园内的所有教师。这样的举措，既解决了教师们的实际问题，又历练了青年教师。

案例2 钢琴比赛促进教师技能发展

> 钢琴小组又活动了，组长吴老师先给大家讲解边弹边唱的技巧之一熟悉键盘，接着又给大家讲了乐理知识。随后，吴老师给组员留了作业：练习卡农练习曲；请大家挑选小、中、大班的儿童歌曲作为伴奏改编曲目。吴老师与组员约定好半个月后，将弹一首练习曲和一首自己改编的儿童歌曲作为技术大练兵的比赛内容。
>
> 大家回去后，纷纷忙了起来。有的教师利用下班时间坐在钢琴边上熟悉键盘；有的教师在绞尽脑汁地改编儿童歌曲的伴奏，还一边写着一边哼哼着改编的曲调；还有的教师在三三两两地模拟考试的过程，请大家看着其中一个人弹琴，以便让自己适应在群体环境中进行演奏。临近比赛的时候，同事们都关心地问起弹钢琴的事："你的曲子练好了吗？""你选的是哪首歌？可别和我重复了。""你听听我改编的好听吗？不行我再改改。"……

转眼到了钢琴比赛的时间。园长、业务主任、工会主席、钢琴组组长吴老师来当评委，工会委员来当主持人。领导讲话、抽签、比赛、评论、公布成绩、获奖感言，一套程序进行下来，让人有种奥斯卡颁奖晚会的感觉。

尤其是教师们的获奖感言，都特别感人。"我原来不会改编曲子，经过吴老师的培训，我已经学会了6种和弦，4种伴奏方法。小、中、大幼儿歌曲基本能够自己编排伴奏了。我特别感谢吴老师，也更加感谢幼儿园安排了这次技术大练兵活动，它使我得到了提高。"还有的教师说了实话："我平时练琴少，总以工作忙为借口逃避练习。现在我发现利用孩子离园后、教师下班前的一小段时间练琴，长此以往，积少成多，也是可以把琴练好的。只有抓紧时间提高的人，才能获得熟练的技巧。弹琴是这样，研究教学也是这样。"

最后，工会主席总结发言："工会应多配合保教部门组织开展丰富多彩的技术练兵活动，使你们在活动中陶冶情操，熟练技巧。目的就是为了能够提高我们的教育水平，并把它运用在一日工作中。"

经过这次钢琴比赛活动，教师们的弹琴、配乐专业技能普遍有所提高。比赛筹备期间教师之间的互相学习、帮助，也加深了他们的工作友谊。

（来源：北京市丰台区群英幼儿园　付静）

想一想

案例中，工会配合保教部门，组织教师开展丰富多彩的技术练兵活动，营造和谐快乐的氛围，使教师们在活动中提高了教育技能，启迪了智慧。这启示我们，要为教师创造集体与自学、小组结伴学等多种方式学习相关知识的条件，通过组织竞赛、评比的方式促进教职工良好艺术修养的养成、知识理论与专业技能的提升。

案例3　形式多样的教学研讨

幼儿园每学期都运用多种方式组织丰富的交流研讨活动，以此提高教师的教育教学水平和科研能力，推动教师将传统文化特色与现代教育理念加以整合。

　　课件能够丰富课堂材料，激发幼儿兴趣，增强幼儿参与度，因此课件制作是教师的必备能力之一。幼儿园里的资深教师不少，在带班经验上他们当然是前辈，但在运用新媒体方面，他们的能力还有所欠缺。在现代教学中，怎样让传统文化与现代教育方式理念相结合呢？教师们展开了激烈的讨论。为此，幼儿园专门成立多媒体计算机小组，利用教研活动时间，定期开展多媒体课件制作的教学、研讨活动，研讨如何整合传统文化特色与现代教育理念。在组长的带领下，大家群策群力，探索了多种课件制作的方法，提高了多媒体创作水平。在研讨中，大家在整个课件的选材、课程安排、图像色彩、音频的处理等方面展开了热烈的研讨，互相肯定优点的同时也坦率地指出不足之处。此类研讨活动不仅给教师们提供了一个学习和交流的平台，还让他们进一步明确了现代教育技术手段的运用与教学的关系，知道了如何实现现代教育方式和幼儿园传统文化教学的结合。

　　幼儿园还有更多的教研形式。例如，定期开展教研活动日，以教研组为单位进行集体备课，由引领教师对本周教学内容进行梳理，预设典型问题，以问题为中心，同教研组教师进行讨论，通过交流研讨找到解决一些共性的问题的办法和途径。幼儿园还会开展"青蓝组合"间的教学观摩、说课评课、教学反思、案例分析、专题研讨等活动，加强对教学问题的研讨和交流。幼儿园也会定期聘请教研领导到学校进行调研，加强教师的教研能力，使教师的困惑能及时得到解决，保证教师的经验能及时得到关注和分享。

　　幼儿园对教师进行学科培训时会采取"互动式"的培训，即教师将自己的困惑、问题、现象摆出来，由有经验教师针对具体的情况，用一定的理论做支撑，进行培训、指导，提出预设性策略，使青年教师在交流中、在相互碰撞中找到解决问题的答案。

　　"一课三研"也是幼儿园教研活动的一种活动形式，教研组内教师进行公开观摩活动，目的是使活动方案更为优化，以达到最好的教学效果。我们发现这样一个活动的过程，对培养教师的专业能力、促进教师的专业发展也起到了比较好的作用。

（来源：北京市丰台区群英幼儿园　顾萌）

想一想

　　作为北京市丰台区示范幼儿园，案例中的群英幼儿园坚持以《3—6岁儿童学习与发展指南》为方针，传统文化为特色，京剧为亮点，办出让幼儿快乐、家长满意、领导放心的优质特色园所为总目标，肩负着研究中国优秀文化、感染幼儿、提升教师和传承教育的责任。幼儿园将传统文化特色与现代教育理念加以整合，不断探索，大胆实践，锐意进取，逐步形成了"温暖、祥和、自然、开放"的园所文化，和民主、开放、有效的"互动式"园本教研模式，使幼儿园润物细无声的园所精神文化管理渗透到每位教职工的心里。

案例4　夸夸身边的好伙伴

　　王老师和张老师因为一点小误会，彼此都很生对方的气，谁看谁也不顺眼。你也不理我，我也不理你，两个人在工作中总是磕磕碰碰的，充满了火药味。

　　她们都把自己的委屈写成信，投放在了园长信箱中。园长分别找这两位教师谈心，了解了其中的缘由，帮她们解开了误会。

　　园长说："还记得我们园训的前两个词是什么吗？"

　　两位教师都说是"温暖""祥和"。

　　"对，是温暖、祥和。我们共同的目标是为了温暖祥和地在幼儿园工作，周围都是朋友、伙伴。有困难互帮互助，有缺点互相原谅，这样我们的心里满怀感恩，会生活得多幸福啊。因为一点小误会心里就结下疙瘩，谁见谁都别扭。长此以往不利于工作不说，自己心里也会不快乐，身体也会因烦恼而受到伤害，你们觉得这样值得吗？"

　　两位教师低下头，沉思了一阵，不约而同地说："不值得。我们不应该因为小事记恨对方，要多理解、宽容对方。"

　　园长继续说："好，你们既然都宽容了对方，那你们夸夸你身边的这个工作伙伴，说说她有什么优点或者值得你学习的地方吧。"

　　张老师说："王老师很聪明，她上课随机应变的能力很强，值得我学习。"王老师也说："张老师动手能力很强，她做的玩教具好玩美观又结实耐用，比我做的好多了。"

　　园长高兴地说："你们看，你们这么了解对方，一定是从心里很佩服对方。以后要互相学习，取长补短，互帮互助，好不好？我希望你们能成为工作中的好伙伴，生活中的好朋友。"

两人听了园长的教导后，纷纷表示要冰释前嫌，以后要体谅别人，感恩别人，互帮互助，再也不为小事计较和烦恼了。

后来，王老师做观摩课的时候，张老师主动帮助她制做了课程所需的教具。假期的时候，王老师出去旅游，主动给张老师带回了精美的旅游纪念品。两个人互帮互助，彼此说心里话，最终成为工作中的好伙伴，生活中的好朋友。园长看着这一切，也露出了欣慰的笑容。

（来源：北京市丰台区群英幼儿园　王冬梅）

 想一想

通过这件事，我们看到：园长利用"园长信箱""夸夸身边的好伙伴"等手段，架起了教师间交流与沟通的桥梁；还通过引导教师之间的相互沟通与反思，逐步确立了教师的共同愿景，打造了和谐的育人文化。这种做法，符合幼儿园精神文化建设中打造积极进取的精神文化这一目标。

园所后来还将"夸夸身边的好伙伴"推广为全园党政工团的活动，全园开展"夸夸身边的好伙伴"活动，以促进教职工之间加深了解，增强园所凝聚力。

案例5　爱漂亮的静静老师

静静老师活泼开朗，喜欢穿得美美的，每天都打扮得像公主一样漂亮。班上的女孩子见了她都喜欢走上前去，摸摸她的花朵项链，摸摸她亮闪闪的发卡，再摸摸她粉嫩嫩的蓬蓬裙，男孩子也都叫她公主老师。可是穿得这么漂亮静静老师做起一日工作来，就不那么顺利了。跳着跳着操，她的项链会跟着哗啦啦地响。和男孩子赛一赛跑，头上的发卡就掉了下来。粉蓬蓬的裙子在穿小山坡的时候，被挂在了树枝上……

（来源：北京市丰台区群英幼儿园　付静）

 想一想

依据精神文化建设中的科学性原则，幼儿园应该给教职工合适的精神文化建议，组织开展艺术类培训活动，营造陶冶教师情操的育人氛围。

静静老师的例子提醒我们，幼儿园需加强对教师的礼仪服饰培训。例如，聘请专家进行仪容仪表讲座，提高教师们欣赏美、表现美的素养，使教师更善于根据场合选择适合自己的服装服饰与妆容。幼儿园也要为教师搭建展示平台，组织开展服装服饰展示、联欢活动等，进一步加强幼儿园育人文化核心建设，形成尊重和关爱师幼、体现人格尊严、感受和谐快乐育人文化。

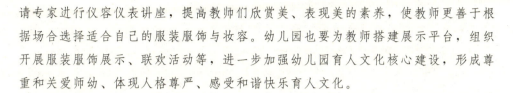

案例 6 像军人一样的王老师

王老师是个行为举止很像军人的老师。尤其是在做操的时候，她动作到位，干脆利落，显得特别英姿飒爽。而且王老师为人也像男孩子一样，热情和不计较，但是又比男孩子有着更多的细心。

我们幼儿园在参加区内歌舞比赛的时候，表演的音乐剧《快乐的牧羊人》需要有一位男士参与，但是幼儿园里又没有男老师。于是工会主席就找到王老师，问她说："这次咱们的节目，你能不能暂时客串一下男士角色呢?"王老师想都没想，干脆地说："没问题，我会尽力把角色演好的!"工会主席说："太好了，谢谢你。关于角色如何扮演的问题，我会和其他老师们一起帮助你的。"

排练中，轮到王老师上场了。虽说她平时动作很飒爽，但是毕竟是女孩子，还是有一些动作不像男性。大家七嘴八舌地说起来："男人伸手不能压腕翘指。""走上台以后，动作不能太多。不能像女角色一样随音乐摇动身体，不然就不像男人了。""要稳重一点，尤其是头部，不能随音乐晃动。"大家你一句我一句，说得王老师有点不好意思了。工会主席赶快走上来说："大家别着急，我想王老师对自己的动作哪些地方需要改进也有了主意。要不这样吧，咱们请后勤吕老师帮助王老师指导指导，看看男老师在处理动作的时候，是怎么把握的。"我们请来了 50 多岁的后勤吕老师，他学起牧羊人来，就像个老爷爷。虽然这样，他身上那种稳重大气还是值得王老师借鉴的。

音乐剧再排练的时候，王老师站在吕老师的身后，一边跟着学，一边和这位老同志讨论每个动作的细节。吕老师对她说："要稳重，身体就不能为了跳舞而前倾。要抬头挺胸，走路的时候稍微慢一点，小晃动要少一点。舞蹈动作像做操一样做到位就行了，不需要起范儿。每个动作都要有力量，让人感觉很硬。"听了老同志的建议。王老师又练习了两遍，大家感觉她的动作确实比没人指导的时候稳重多了。

后来，我们园的节目在区歌舞比赛中获得了一等奖的好成绩。当领导给老师们上台颁奖的时候，才惊讶地发现，原来牧羊人是女老师演的。领导的一句"小伙子，你演得很有精神啊"，逗得大家哈哈直笑。

（来源：北京市丰台区群英幼儿园　付静、王冬梅）

 想一想

案例中，工会领导促使王老师清晰地认识到了自己的表演才能，鼓励她努力发挥自身优势，大胆表现。在区文化活动中，幼儿园尊重教师特点，结合教师自身优势，乐于给予他们展示创新的空间。这些，正符合精神文化建设中创新性的原则。

（六）以师德培训为途径，提升教职工综合素质，帮助他们形成正确的人生观、价值观

一所好的幼儿园，关键要有一支思想政治素质高和业务素质强的教师队伍，而师德师风建设正是思想政治工作的核心。一所幼儿园的师德师风如何，不仅体现了该所幼儿园教师的职业道德和教风学风，而且直接关系到幼儿园的办学方向和人本培养目标，决定着一所幼儿园的精神风貌和人文风格。因此，如何抓好师德师风建设工作是每所幼儿园都致力解决的重要课题。

案例 1　教师的职业道德素养培养

恰逢 9 月 28 日孔子诞辰，我们幼儿园开展了一系列针对教师文化思想方面的培训活动，形式多样。活动以学习孔子"传道授业解惑也"的教育思想为主要内容，以提高教师师德素养为宗旨，以促进园所精神文化建设为抓手，并结合了现今的教育新观念，旨在增强教师们的精神素质。

（来源：北京市丰台区群英幼儿园　范小辰）

 想一想

以传统文化为办园特色的幼儿园，不仅要在促进幼儿发展的方面充分挖掘传统文化中所蕴含的教育价值，在教师队伍建设方面也是如此。园领导不仅要在教师业务水平上给予教师正确的引领，还要在教师的精神文化方面做好引领，促进园所温暖祥和、自然开放的园风园貌的形成。

案例 2　幼儿园师德建设

学高为师，身正为范。师德如巢，筑在人心。师德是体现教师整体素质的重要指标，是响应时代发展的教育核心，是教育发展的迫切需要，也是幼儿园教师队伍建设的重要内容。

师德建设是幼儿园工作的重点内容之一，在师德建设中，幼儿园重点组织教师以不同方式，先后学习了《北京市幼儿教师职业道德规范》等法规文件；组织"我幸福我快乐"的师德论坛活动；开展丰富多彩的研讨交流活动，结合温暖、祥和、自然、开放的办园理念并展了"弘扬传统文化，展示教师风采""畅想个人发展"的主题庆祝活动；组织开展教师师德演讲比赛、"师德之星"的评选活动。其中，黄老师别有新意地用花来比喻教师，深入挖掘幼儿园办园理念与师德内涵的深入联系；张老师作为一名青年教师，用她与孩子们日常生活中一件件实例和一张张感人的照片，诠释着她对师德内涵的理解。

在园所文化引领下，幼儿园师德建设取得了长足的进步和发展。教师们爱岗敬业，甘于奉献，园内涌现了一批批师德典范，评出多名"师德之星"。三名在师德方面表现突出的教师，还代表幼儿园参加了市区级的师德演讲。

（来源：北京市丰台区群英幼儿园　黄海云）

想一想

案例中的活动使全体教职工对如何在平凡岗位上努力做好本职工作，在各方面成为幼儿表率，有了更深的理解和认识。这些活动有助于教师树立良好的职业道德和敬业精神，增强集体的战斗力和凝聚力。全体教职工在思想认识、综合素质、工作作风和精神面貌等方面的提高和转变，会进一步引领教职工树立正确的价值观、人才观和教育观，提高师德水平，有力地促进幼儿园师德工作的深入开展。

第三节　育人文化建设的基本原则和实施途径

一、幼儿园育人文化建设的基本原则

（一）专业性原则

专业性就是对于某一个行业来说的行业性，指行业的性质。

幼儿园的园所育人文化建设需要园长具有专业意识、专业态度、专业知识、专业技能、专业品质等专业素养，引领教职工形成对教师职业意义与价值的认识，使广大教师以诚恳的态度对待教育，甘为人梯，足以为人师表。

(二)科学性原则

科学是建立在实践基础上，经过实践检验和严密逻辑论证的，是关于客观世界各种事物的本质及运动规律的知识体系。

幼儿园的育人文化建设就是要以科学思想为指导，以事实为依据，不能和已经经过实践检验的科学原理相违背。只有这样，才能保证育人文化建设的科学性。

(三)创新性原则

创新是指利用现有的知识和物质，在特定的环境中，本着理想化需要或为满足社会需求而改进或创造新的事物、方法、路径、环境等，并能获得一定有益效果的行为。

园所育人文化建设要不断地创造新的东西，推进现有文化的向前发展改变。

◇ 二、幼儿园育人文化建设的实施途径

(一)加强幼儿园育人文化核心建设：形成尊重和关爱师幼、体现人格尊严、感受和谐快乐的育人文化

幼儿园可以通过组织开展丰富多彩的党政工团活动，营造和谐快乐的氛围，陶冶师幼情操，启迪师幼智慧，从而促进园所育人文化的建设。

案例1 "畅想青春之歌，迎示范园验收"主题研讨活动

中午，我们参加了以"畅想青春之歌，迎示范园验收"的团支部活动。活动改变了以往座谈研讨的形式，而是将青年教师应了解的专业知识融入游戏中，让与会者边玩边学。年轻教师积极参与其中，他们脑力激荡，将本次活动的感想创编成诗歌，充分发挥了想象力及创造力。活动最后，每个人都用简短的语言表达了内心最真挚的感受与此次迎接验收动员活动过程中的收获。

(来源：北京市丰台区群英幼儿园　范小辰)

 想一想

团支部能够带领青年团员教师积极参与活动，从中不难看出活动前团支部的精心准备。他们的活动以游戏的形式展开，打破了固有的活动形式，使教师

们在玩中就能巩固专业知识。从活动的效果来看，年轻教师都非常积极地参与了活动。此次活动的开展可以说是在忙碌紧张的氛围中为教师迎接验收的士气鼓了劲儿，也为年轻教师提供了相互学习、巩固基本专业技能、展示自我的平台。

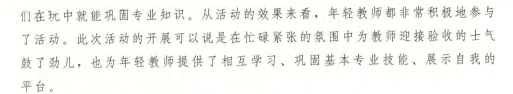 **案例 2** 最美的秋天——工会摄影

> 工会组织全体教师学习摄影的技巧，我们首先从最基础的摄影知识学习，如调节摄影焦距、认识光圈、人物拍摄和景物拍摄取景的方法等。在学习完理论知识后，工会带领全体教师走进秋天的北宫森林公园，共同感受秋天的美。同时，教师还有机会将学习到的摄影理论知识融会贯通地应用到实际摄影拍摄中。例如，各班在制作微信时，需要教师先运用摄影技巧为幼儿进行特写抓拍，再把照片利用修图软件进行合成，结合文字展示给他人。走进北宫森林公园后，教师运用学到的摄影技巧纷纷留影纪念，用相机把公园的秋色记录下来。在摄影活动结束后，工会还组织全体教师分享作品的思路，并请摄影老师从专业敏锐的视角进行评价和分析。
>
> 在日常工作中，幼儿园不仅为我们创造了专业学习的机会，还让教师感受到了来自园领导和同事的支持、鼓励与帮助。
>
> （来源：北京市丰台区群英幼儿园 杨菁）

 想一想

幼儿园工会可以经常组织教师进行各种知识的学习，如唱歌技巧、摄影技巧。教师会在一次次活动中不断汲取精华，并灵活地把学到的技巧和积累的经验应用到工作中去。每周开展的教研活动和各项会议也可以多多宣传工会活动的益处，鼓励各位教师积极参加工会的各种活动，让教师在学习和工作中不断成长。

（二）营造体现办园理念的自然环境和人文环境，为教师专业能力和行为的形成提供前提

幼儿园要创建体现园所办园理念的室内外环境和体现园所文化的绿化自然环境，打造和谐的育人文化，建设形成积极向上、宽容友善、充满爱心、健康活泼的园风园貌。

案例 1 教师节的祝福

清晨，刚刚下过一阵细雨，迎着秋风，教师们热情饱满地来到幼儿园，吃过热腾腾暖呼呼的早饭后，一如既往地热情迎接孩子们的到来。而孩子们也显得格外兴奋，他们有的手持美丽的鲜花，有的拿着自己的绘画作品奔向他们最爱的老师，因为这是个特殊的节日——教师节。园领导也给幼儿园教师们送上了象征温暖祝福的康乃馨。

（来源：北京市丰台区群英幼儿园　范小辰）

想一想

群英幼儿园是以"温暖、祥和、自然、开放"为办园理念。这不仅体现在对幼儿的教育中，同样作用于教师队伍。幼儿园不仅要在教师业务水平上给予引领，还要在教师的精神文化方面做好正确的引领，以教师喜爱的形式及内容开展多种多样有意思的活动，让教师深切感受"幼儿园是我家""我是幼儿园的主人"，意识到这里是一个温暖和谐的大家庭。

案例 2 班级文化建设靠大家

幼儿园今年申报了关于校园文化建设的课题，其中班级文化建设是幼儿园文化建设的基础，是渗透、开展、融合园所文化的重要基地。因此每个班集体都非常注重本班文化建设，都把班级文化建设当作班级管理的重要手段之一。我们想用文化的力量影响班级中的每位成员，使教师、家长和孩子产生一股凝聚力，从容面对各项挑战，使整个班级、整个幼儿园的发展蒸蒸日上。

幼儿园班级人员配备是两教一保。我们经常会说班级的三个人就是拴在一根线上的蚂蚱，只有通力合作，才能使班级的各项工作开展得有条不紊。在班级这个大家庭里，三位教师既是朋友、伙伴，又是无话不谈的好姐妹。良好的同事关系能够帮助教师更好地管理班集体。

中二班的保育员是个工作非常踏实但性格比较内向的女孩，最近因为身体原因，她心情不太好，工作的时候也没有了以往的热情。本着班级和谐团结积极向上的精神文化，作为班长她的朋友及时发现了她的焦虑，特地利用下班时间与她谈心。班长了解到她最近接连几天发高烧，很想请假休息休息。可一看大家都为了创"市级示范幼儿园"忙前忙后，她又觉得自己不能临阵脱逃。她的话感动了班里两位老师，于是商量要尽可能地帮她分担工作，让她能轻松一些。这种分工不分家的工作态度感染了班级每位成员，也使他们对示范园验收充满了信心。

（来源：北京市丰台区群英幼儿园 马九春）

想一想

每一位幼儿教师都是园所建设的基石，班级教师的精神文化直接影响着园所文化的建设，影响着团队的凝聚力和积极进取的向心力。幼儿教师都具备一种"亲和力"，对待同事是关心，对待幼儿是爱心，对待家长是责任心。因此幼儿园倡导同事、幼儿、家长心往一处想，劲儿往一处使，这就是班级精神文化的重要体现。

幼儿园就是一个大舞台，每个人都有自己不同的长处，都担当着各自重要的职责。然而一个积极圆融的团队是靠合作完成各项工作的，在这种互相关心、互相帮助的工作环境中，每个人都在默默地付出着、幸福地受益着。幼儿教师应该每天用温暖、祥和、自然、开放的心态去教育孩子，用积极、开朗、纯洁、高尚的态度与周围人相处，用质朴、善良的心与同伴合作。这样一来，在工作的同时，教师也提高了自己的精神境界，体现出幼儿园育人文化的教育精髓。

案例3 生病的莉莉老师

一年前，幼儿园莉莉老师身体不舒服，去医院检查，结果查出了很严重的病。医院为她做了开胸手术，等莉莉老师再上班的时候，她的身体已经非常虚弱了。因为病情的缘故，莉莉老师不能大声说话，不能累着，不能提很重的东西……

幼儿园的领导特别关心她的身体情况，专门针对此事进行了园务会讨论。考虑到莉莉老师的身体状况带来的诸多限制，园领导决定不再将她安排在班长、保育员等累心累身的工作上去，考虑将她安排在带班教师的岗位上，还要挑选班级氛围比较和谐的班集体，能够让班中其他两位教师多帮帮她；最好也是班上幼儿常规比较稳定的班级，以减少莉莉老师带班的辛苦。

园领导再三考虑后，觉得中三班班级氛围比较和谐、幼儿常规比较稳定，决定将莉莉老师放在中三班。幼儿园领导随后亲自找到中三班的老师们谈话，希望她们能够发挥温暖和谐的园所文化，理解包容和帮助身体不好的莉莉老师。在长期的园所文化精神的影响下，为了给莉莉老师一个温暖的家一样的氛围，中三班的老师们都十分愿意接纳莉莉老师，帮忙照顾莉莉老师。

转眼经过了一个学期。在园领导的关心与班长的带领下，中三班的班级工作做得很扎实，教师之间相处和睦。在平时的带班的过程中，对于一些花力气、耗体力的工作，两位教师抢着干，粗活累活更是不让莉莉老师做。在中三班教师的团结帮助下，莉莉老师的病情再也没有反复过，身体变得越来越健康。更可喜的是，班级幼儿的教育不但丝毫没有因此耽搁，反而孩子们也学着老师们的样子，在学习与生活中更加习惯互相帮助。园领导和其他班的教师看着中三班教师、幼儿之间这么温暖和谐、团结向上，都欣慰地为他们班竖起了大拇指。

（来源：北京市丰台区群英幼儿园　王谊）

 想一想

幼儿园不仅仅是一个教书育人的环境，也应该是一个和睦的大家庭。园领导要时刻关心每一位教师，尤其是像莉莉老师这样身体不好的教师，要用不抛弃、不放弃的态度对待他们。园领导要考虑到患病教师的实际身体状况，尽量将他们安排在适合他们身体状况的工作岗位，并且在患病教师的周围安排氛围和睦、有包容心的同班教师。园领导还应提前做好同班教师的思想工作，促使他们在日常工作中关心帮助患病的教师，使患病教师感受到幼儿园的温暖和关爱，从而更好地调整自己的身体状态，更积极地做力所能及的工作，进而使幼儿园教师工作氛围、教育工作氛围更加温暖和谐，更好地推动幼儿园精神文化的发展。

案例 4 **多功能教室促进园所精神文化的发展**

我们幼儿园建有多功能艺术教室，教师、幼儿都可以到那里工作、活动或学习。

多功能艺术教室秉承中国传统建筑样式，被饰以美丽的木质窗格，在窗格上摆满充满中国传统文化艺术气息的民族艺术品与教师、幼儿共同制作的小手工。教师经常在这里欣赏、观察、体会中国传统的艺术表现形式和方法，为班级教育寻找灵感。比如有一次，大一班的教师带领幼儿欣赏艺术教室环境的时候，发现孩子们对中国传统上弦玩具比较感兴趣。回班后，她就带领幼儿们制作了上弦泥偶《西游记》。

多功能艺术教室不但民族气息浓烈，还有很多教育功能。例如，艺术教室中有一间摄影室，不但配有专业的幕布和柔光灯，还配有有魅力的背景图和道具。教师非常喜欢在这里研究摄影技法。"快看，把柔光灯照在脸上就可以让脸亮起来。""取景的时候，景深不能太广角，不然幕布就露馅了。""你帮我照一张照片好吗？冬天的时候还可以在大海边照相可真酷(幕布有海边画面)。"……教师们在这里交流摄影技巧，增进了彼此的工作友谊，也提高了发现美、表现美的能力，形成了幼儿园园所文化提倡的宽容友善、健康活泼的教师工作氛围。

因为幼儿园的传统文化艺术特色的亮点是京剧，所以多功能艺术教室设有一间"小小京剧博物馆"。这里有精美的戏服、漂亮的头饰、京剧知识书籍、京剧脸谱、京剧玩具……教师在从摆弄、欣赏、研究到制作、创造京剧道具的过程中，对京剧艺术有了从不喜欢到好奇到探究到熟悉到创造的经验积累，体会到了幼儿园办园特色。教师们深浸在浓浓的文化气息中，积极创作出多种形式的中国传统文化特色舞蹈。在区级工会比赛、文艺会演活动中，幼儿园教师多次取得了优良的成绩，获得了姐妹园的好评。

多功能艺术教室中还有一间创意美术小屋，小屋中有很多生活化、自然化的材料。教师经常在这里把自然物、废旧物与中国传统艺术形式相结合，创造出幼儿园独有的、传统文化艺术与现代教育理念相结合的特色教育活动，并在这里进行交流和讨论。在此过程中，教师增长了教育智慧。教师间的这类交流使大家打开了心扉，提升了创造力，形成了积极向上的研究氛围。

(来源：北京市丰台区群英幼儿园　付静)

想一想

在案例中的这间多功能教室里，教师们在欣赏、交流、研讨、教学与制作的过程中，对传统文化艺术逐渐从不熟悉到有了解，从有了解到喜欢探索，从喜欢探索到形成了成熟的教育方法。这间多功能教室的文化育人功能使幼儿园教师有助于形成积极向上、宽容友善、充满爱心、健康活泼的风气，打造幼儿园和谐的育人文化，很有价值。

（三）营造陶冶师生情操的育人氛围。幼儿园可以通过教师专业能力和行为的形成提供物质基础

育人文化需要润物细无声的管理来营造陶冶师生情操的育人氛围，幼儿园可以通过向教职工推荐优秀的精神文化作品和幼儿经典读物、在图书室增添相关图书、组织开展艺术类培训活动等多种途径，为教师专业能力和行为的形成提供物质基础。

案例 1　"好书推荐"活动

在幼儿园开展的"好书推荐"活动中，教师们用自己的方式解读了心目中的好书，从为什么选书到有何收获，都做了详细的分享。在分享的过程中，大家被一本又一本的好书吸引着：李老师的《感动教师心灵的教育故事》让教师们知道了要用宽大的心怀去包容孩子；刘老师的《孩子你慢慢来》用一个个故事让教师感受到温暖的爱；许老师的《幼儿教师适宜行为研究》为教师在一日活动中如何正确地掌握适宜性提供了具有针对性的指导。

这次活动为大家提供了分享阅读的平台，营造了幼儿园的书香氛围。大家各抒己见，晒了自己的好书，在思维碰撞进行学习，在思维运转中有所成长。

书是五彩生活的万花筒，书是大千世界的缩影。为了培养幼儿爱读书、勤读书、乐读书、会读书的习惯，营造"书香校园""书香家庭"的氛围，开学初幼儿园还开展了"读书月"系列活动。活动激发了全园师幼、家长对读书的兴趣，有助于大家养成良好的读书习惯，从而提高审美修养和人文底蕴。

（来源：北京市丰台区群英幼儿园　王冬梅）

想一想

戏剧大师莎士比亚说过："书籍是全世界的营养品，生活里没有书籍，就好像没有阳光；智慧里没有书籍，就好像鸟儿没有翅膀。"由此可见，读书是何等重要。案例中的幼儿园通过开展"好书推荐"等活动，激发了教师读书的兴趣，提高了教师自身的文化素养。

幼儿园需要加强园所环境建设，突出园所文化氛围，相关举措还可包括：在园所醒目的位置张贴创建"好书推荐"的宣传海报；加强班级文化环境建设，完善班级图书角，组织幼儿进行讲故事比赛；教研组开展早期阅读研讨活动，以绘本

为切入点开展相关主题活动；开展"亲子共读"活动，每周请一至两位小朋友的家长来班里为幼儿介绍图书或讲故事；向家长发放"亲子阅读倡议书""亲子阅读调查问卷"，使家长与孩子一起体验阅读的乐趣；鼓励幼儿与家长一起合作自制图书，并引导大班孩子和爸爸妈妈一起做阅读记录，等等。

🌿 **案例 2 利用图书教室，促进幼儿全面发展**

> "这本京剧猫的故事，真好听啊！"
>
> "我喜欢大恐龙、小恐龙的故事。"
>
> "还是'谁偷吃了包子'的故事更有意思吧。"
>
> 语言老师正惟妙惟肖地讲述着新故事，孩子们倾听着，交谈着。多么美好温馨的画面啊！这里正是我们幼儿园的图书馆，也是孩子们喜欢的知识的海洋。他们期盼着每周一次的公共阅读课，还可以把未读完的书籍借回家。这个活动使家长朋友们也为我们竖起大拇指。
>
> 幼儿园不光创设了儿童图书馆，还有科学趣味馆、小小摄影体验馆和具有传统文化气息的美术室。孩子们和美术老师、摄影老师一起感受不同的艺术形式，一起快乐地游戏，在点点滴滴中进步和成长着。看，一张张精美的照片是在展现孩子的世界，一幅幅美丽的水墨画是孩子心中的美景，一个个充满趣味的科学小实验表现出的正是孩子们探索和发现的过程。
>
> （来源：北京市丰台区群英幼儿园 王谊）

 想一想

幼儿园可以选用有特长的教师来担任专门的美术教师、摄影教师，这样不仅发挥了教师的长项，还能调动起教师的积极性，给予他们更大的舞台。同时，这也是一个十分新颖的教育形式，使幼儿能够在教师的指导下更加全面地发展。幼儿园可以在原有空间基础之上，开设丰富多彩的多功能教室，使幼儿在接受本班的原有教育活动之外，享受更多新奇的教育资源和形式，感受其他教师的风采和魅力。这能促进幼儿在游戏中不断地成长和进步，在幼儿园的大家庭中感受到温馨。

每一个孩子就像一粒小种子，而我们幼儿教师就是他们在成长之路上需要的阳光和雨露。为此，在幼儿园这个大环境下，园长要处处为幼儿的成长提供支持和鼓舞。幼儿园要为幼儿创设一个良好的学习和游戏的氛围，让他们在幼儿园中健康苗壮地成长，就如春日的花蕾般美丽、夏日的骄阳般灿烂、秋日的果实般甜美。

（四）创造多元化的工作空间、时段、教育手段，提高教师创造性解决问题的能力

幼儿园要结合多元化的教育手段，引导教师主动探索，如"一课三研""一人多研"等，通过这样的方式来提高教师的自主创新能力。

"一课三研"是指教研组内教师针对同一活动内容，由不同教师进行的多次实践研究活动。在研究活动中，教师们可以比较不同的教育策略、组织形式，研讨教学中的困惑、存在的问题及目标的价值取向等。"一课"指各年级组根据幼儿年龄特点选择同一绘本进行教学活动。"三研"指针对同一内容，由不同的教师对相同年龄段的幼儿进行多次教学实践活动，以求通过滚动式教研促进教师教育行为的完善。

"一课三研"的教研方式营造了一个有利于教师成长的氛围，架起了教育理念与教育行为间的桥梁，使教师能够在共同分析、互相探讨、争辩反思的过程中得到专业发展。"一课三研"作为教研活动的一种新型组织形式，已经逐渐成为幼儿园促进教师专业成长和推进课程建设的重要途径和方法。

案例 "一课三研"，多元化的教育手段

"一课三研"是幼儿园教研活动的一种形式，教研组内教师公开观摩，目的是使活动方案更加优化。我们发现这样一个活动的过程对培养青年教师的专业能力也起到了较好的作用，收到了很好的效果。

幼儿园的新教师在实际工作中常常不知道如何有效提问，如何适时介入幼儿游戏，如何做好一次活动等。诸多问题日积月累，难免使他们产生畏难情绪。为此，幼儿园领导召开园务会讨论，讨论如何让刚毕业的新教师知道怎样向老教师学习。

身为党员又担任教研主任的钱老师提议，建立"一课三研"教育教研手段，平行班成立观摩教研组，教研组内教师展示公开观摩活动，以达到最好的教学效果。青年教师在听课之前要做好充分的准备，了解活动流程，抓住活动的重难点，这样在听课时才能做到有的放矢，获取对自己有用的信息。观摩研讨后，还要请老师及时地进行反思和总结，深入思考与归纳活动中的优缺点，真正地消化吸收别人的优秀经验，也要思考如何改进别人的不足之处。

采用了这种教研学习方式后，教师普遍回应："知道如何提问了，在上课时不会紧张得说不出话来了！"

毋庸置疑，作为教师，尤其是幼儿教师，我们应该具备敏锐的观察力和灵

活应变的能力。尤其在日常带班中，教师更应该高度集中精神，耳听八方，眼观六路，随时发现幼儿的新创意以及幼儿在操作过程中出现的新问题，灵活调整课堂教学，抓住每一个随机教育的机会。

（来源：北京市丰台区群英幼儿园　张珊）

 想一想

　　管理团队是幼儿园的核心力量，教师则是幼儿园的主场力量。为了建设高水平的、能不断适应新环境的创新教育团队，幼儿园要致力于凝聚园所文化建设力量，为教师专业能力和行为的形成提供动力支持，激励教师的内在潜力，提高教师的自主创新能力。

　　"一课三研"作为幼儿园多元化教育教研方式之一，关注课程、幼儿与教师的专业发展，能让青年教师了解幼儿园教师对自身专业成长的共同期待值，以及期待的目标和方向，同时了解教师在教学实践中共同存在的困惑与问题。"一课三研"活动的开展改变了教师传统的思维方式，让他们学会了用新的理念来审视自己的教学行为，在反思中发现许多自己从未意识到的问题，通过不断的实践、反思，在磨炼中提高教师的教育教学能力。无论是对青年教师还是老教师，"一课三研"都是教学相长、互相促进的有效途径。青年教师用理论指导实践，在制定教学目标时，学会了考虑目标的设计要全面和适宜，做到明确具体，能反思活动中采用的方法和教育策略是否得当，投放的教学具是否生动直观，是否符合幼儿的年龄和身心特点，是否做到服务于活动目标，从而逐渐改进教育观念和教育行为，提升自身创新性解决问题的能力，加快由青年教师转向经验型教师，再由经验型教师向研究型教师发展的步伐。

（五）以信息技术活动为平台，为教师搭建展示创新的平台

案例1　现代信息技术设备的投入促进教师的专业化发展

　　21世纪是一个信息化、网络化的时代。信息技术的飞速发展，给教育带来了生机，更带来了冲击和挑战，对教育的改革发展及教师队伍的建设提出了更高的要求。随着基础教育信息化建设的不断深入，它对幼儿园的工作也提出了更高的要求，使教师这一职业群体面临着新的挑战。

　　近几年，在园长的引领下，我们幼儿园引进了大量的电教设备，创造了一个良好的信息技术环境。幼儿园现在做到了班班有电脑，班班通网络，也逐步

建成了具有本园特色的网站。此外，园门口的电子显示屏上滚动显示着园所新闻和科教宣传，全方位覆盖的监控系统时时记录幼儿园各个角落的影像，保证幼儿的健康和安全。园所广播全覆盖，以网络为主要架构的信息技术平台对幼儿园的各个方面都产生了巨大的影响。

幼儿园注重加强信息技术培训学习，提高教师的教育信息技术水平。幼儿园经常组织教师外出观摩学习，并鼓励全体教师参加信息技术培训，促使教师掌握信息技术基本操作，掌握幼儿园网的使用方法，学会运用信息技术手段辅助教学，具有基本的信息意识；组织教学骨干、青年教师参加课件制作、动画制作、网页制作等培训，掌握多种信息技术手段，学习设计开发课件，进行信息环境下的教学设计研究；在培训结束之后，幼儿园采用提交作品的交流方式，让教师在轻松愉快的氛围中欣赏、讨论和相互介绍经验，使幼儿园逐渐形成了学习信息技术之风，教师们在赶帮超的学习氛围中不断进步成长；鼓励教师参加园本学习，在园本教研活动中，实施课堂实录抓拍，让授课教师发现问题，进行反思，从"被动"学习转向"主动"教研，提高教师专业素质，形成"研究共同体"；组织教师制作课件和视频，让编辑报纸、更新网站成为教师们的拿手好戏。

幼儿园在一日生活工作中推进了信息技术与教师专业发展的整合。教师在活动区中将幼儿的创新点拍成照片，通过电脑、一体机让幼儿进行直观的学习；幼儿在园里自然开放的云雀园中观察到变化的或喜欢的事物时，都会请教师帮忙(大班幼儿自己动手操作)录像、照相，利用信息技术设备放给同伴看，并津津有味地讲给同伴听。

幼儿园充分发挥网站的作用，班级网页由专人负责管理，每周更新2～3次。幼儿教师定期向家长介绍一些育儿知识，上传幼儿活动的照片和视频，让家长了解幼儿在园的表现。教师们都建立了家长"微信群"，每天通过微信将幼儿活动的内容以及需说明的事情与家长进行沟通。尤其对于那些工作忙、不经常接孩子的家长来说，这种沟通方式十分便利。一句温暖的话，一个温馨提示，拉近了教师与家长间的距离，很多家长都与教师成为了朋友。

（来源：北京市丰台区群英幼儿园　范建华）

想一想

现代信息技术设备正在应用于幼儿园的各项工作之中，如园所管理、教育教学管理、卫生保健、家长工作、物品资料管理等。在信息技术时代，变化成为其最显著的特征。教师通过不断思考、不断学习、不断探索，适应时代的变化，使信息技术服务于园所发展。

教育科研是信息时代教师提高自身专业发展水平的有效途径，而以促进学与教为最终目的的现代教育技术则是信息时代教师专业发展的有力工具。它可以为教师提供科研课题、工具支持和方法指导。幼儿园要为教师搭建展示创新的平台，教师更应打破教育科研的神秘感，主动学习掌握新技术，加强与他人的交流，提高自身的科研素质，积极应对信息时代的挑战，努力成为与时俱进的新时代教师。信息技术发展的促进和见证了教师的专业发展进程，教师们走出了一条基于信息技术平台的专业发展之路。教师的专业化发展反过来也促进了幼儿园信息技术的良性发展，体现了"物的现代化与人的现代化的和谐统一"。

🌿 案例2 幼儿园对现代信息技术设备的使用

> 又到了一周一次的教研活动时间了，这次的教研活动很是新颖，采用了多媒体回放的方式将莉莉老师的活动展示给各位老师。一开始，莉莉老师出示可爱的小猴子形象引出她本次互动的主题，幼儿都非常感兴趣，跃跃欲试地举手发言。这时莉莉老师提问："你们知道京剧里的小猴子是什么样子的吗?"孩子们你看看我，我看看你，不知道怎么回答。就在孩子们一筹莫展的时候，京剧院的老爷爷来给我们演猴戏啦！孩子们全情投入地看着，恨不得也跟在猴王身后操练起来！看着屏幕上惊喜快乐的孩子们跟着老爷爷学习猴戏，我也仿佛身临其境一般跟着他们模仿起来了！
>
> （来源：北京市丰台区群英幼儿园 王冬梅）

 想一想

案例中的这种多媒体回放的方式，解决了带班教师不能一起观看讨论的难题，也给优秀年轻教师提供了将好的优质的课程在集体面前进行展示的平台。这种研讨活动既能帮助做课教师在业务水平上和对自己的能力评价上有很大提高，又能提高整体教师的业务能力水平和教研成效，是一举多得的教研方式，是结合信息技术、周边环境和时事活动，为教师幼儿创设的展示创新的平台。

参考文献

著作：

1. 姜勇. 幼儿教师专业发展[M]. 高等教育出版社，2015.

2. 刘焱，何梦燚. 幼儿园教育环境创设[M]. 高等教育出版社，2014.

3. 汝茵佳. 幼儿园环境与创设[M]. 高等教育出版社，2006.

4. 线亚威. 幼儿园文化建设指导策略[M]. 高等教育出版社，2011.

论文：

1. 陈玲. 创设良好的物质环境，促进幼儿社会性发展[J]. 考试周刊，2009，13：226.

2. 陈云龙. 试谈幼儿园的制度文化建设[J]. 早期教育（教师版），2005，7：8-9.

3. 姜勇，庞丽娟. 幼儿园师生交往类型的研究[J]. 心理科学杂志，2004，5：1120-1123.

4. 金晓梅. 美国幼儿园环境安全评估标准[J]. 幼儿教育，2003，1：12.

5. 梁岚. 对中小学校园物质文化建设的研究[D]. 内蒙古师范大学，2007.

6. 刘明. 幼儿教师与家长沟通现状研究[D]. 辽宁师范大学，2009.

7. 吕耀坚，赵亚飞. 建构有效的幼儿教师职后培训策略——基于学习维度论的视角[J]. 学前教育研究，2008，2：22-5.

8. 彭玲玲. 让家长成为幼儿园环境创设的亲密合作伙伴[A]. 江苏省教育学会2006年年会论文集（综合一专辑）[C]. 江苏省教育学会，2006.

9. 沈芳雁. 幼儿教师学习研究——期待与现状[D]. 南京师范大学，2012.

10. 王艳. 幼儿园环境创设对幼儿身心发展的影响和价值[J]. 科教文汇（中旬刊），2016，3：107-108.

11. 吴振东. 略论幼儿教师学习的基本特征及其价值[J]. 天津师范大学学报（基础教育版）2007，3：34-37.

12. 邢利娅，隋丽丽. 园长在幼儿园组织文化建设中的地位和作用[J]. 内蒙古师范大学学报（教育科学版），2007，12：33-37.

13. 颜晓燕．社区学前教育资源整合与优化的探索［D］．福建师范大学，2003.

14. 杨文．当前幼儿园环境创设存在的问题及解决对策［J］．学前教育研究，2011，7：64-66.

15. 虞永平．从物质环境中感知幼儿园课程文化［J］．教育导刊（幼儿教育版），2008，7：4-6.

16. 袁文娣．幼儿教师与家长沟通的研究［D］．华中师范大学，2014.

17. 章俊华．幼儿园户外环境绿地［J］．中国园林杂志，2004，3：48-51.

18. 周宝华．幼儿教师情绪管理的有效途径［J］．现代教育科学（小学教师），2013，6：56.

19. 朱玉．以班级为单位的幼儿教师群体关系研究［D］．南京师范大学，2012.